今を生きるための
般若心経の話

奥村正博
Okumura Shohaku
三心寺住職

港の人

目次

私の知る奥村正博さんのこと

藤田一照

思えば、私が禅の道に足を踏み入れてからというもの、奥村正博《しょうはく》さん（以下では、親しみを込めていつもそう呼んでいるように「正博さん」とさせていただく）はいつも自分の前を歩いている人だった。その意味では、私は正博さんのことを自分の「大先輩」だと思っている。そして、心から尊敬している。

道元禅師の『学道用心集』のなかに「行解相応これ乃ち正師なり」という言葉がある。仏道の修行と仏法の理解が相応じている人こそが真正の師であるという意味だ。私は正博さんを知ってもう三十年以上になるが、その間一貫して、坐禅を誠実に行じ、道元禅師や師である内山老師の著作から真摯に学び続けている彼の姿をずっと目にしてきた。

本書に収められている「只管打坐の道」は今回初めて読ませていただいたが、これを読めば、彼のそのような愚直とも言える行と学の道行きをうかがい知ることができる。私もそのような道をトボトボとでも歩いていきたいと願っている者なので、この文章は得難い善知識（人々を仏の道へ誘い導く人）からのメッセージであり声援になった。

正博さんとの最初の出会いはこうだ。大学院の博士課程を中途退学して修行僧になることを決意した私が、兵庫県山中の禅道場、安泰寺に初めて下見に行った時、三人のイタリア人修行者たちに英語で仏教の講義をしている背の高いお坊さんがいた。それが正博さんだった。私が二十七歳の時のことだ。その時には、まさか六年後に、その正博さんが建て、五年間住んでいたアメリカの禅堂に自分が行くことになるとは知る由もなかった。

安泰寺で六年暮らした後、私は師匠の命を受けて三十三歳で渡米し、マサチューセッツ州西部の林の中にある手作りの坐禅堂、パイオニア・バレー禅堂で暮らし始めた。一九七〇年代の中頃にこの禅堂を作った三人の安泰寺出身の僧侶の一人が正博さんだった。正博さんたちが建てた禅堂に私はそれから十七年半暮らした。禅堂のコアメンバーで正博さんと一緒に修行していた人たちから彼のいろいろなエピソードをしばしば聞いた。日本人としては並はずれて体格の大きい正博さんの猛烈な作務（肉体労働）ぶりが彼らの語りぐさになっていた。

その後、五十歳になった私は家族を連れて帰国し、三浦半島の葉山にある友人の別荘の管理人として日本での新しい生活をゼロから手さぐりで築いていくことになった。それから五年後、曹洞宗国際センターの所長職を正博さんから引き継ぐことになった。「十二年勤めた国際センターの所長を辞めて、自分の創設した禅のコミュニティを育てることに専念したいので、あとを頼みます」と言われたのだった。私は七年間この職にあって、海外の禅センターなどを訪ねて講義やワークショップを行った。

こんな風に、安泰寺、バレー禅堂、国際センターと、私はまるで正博さんのたどった跡を追いかけるようにして生きてきた。私としては別にそんなつもりはなかったのだが、なぜか結果としてそうなってしまったのである。まさに仏縁としか言いようのない正博さんとのこうしたつながりに私は深く感謝している。彼の存在にどれだけ励まされ、助けられてきたことか。

二〇一三年六月に、正博さんがインディアナ州ブルーミントンに創設した三心寺で十周年記念式典が行われた際、彼から依頼されて国際センター所長として公開の講演をした。その話の冒頭で、私と正博さんとのそうした奇縁について、写真を見せながら説明したことを思い出す。「まるでスピリチュアルなストーカーのようだ」という表現をしたら、みんなが笑い声をあげた。まもなく英語圏で出版されることになっている正博さんの英語の著書 The Mountains and Waters Sutra: A Practitioner's Guide to Dogen's "Sansuikyo" (Wisdom Publications) は道元の『正法眼蔵　山水経』の正博さんによる詳細な注釈本だが、彼から依頼されて書いたその序文のなかでも二人の縁について触れさせてもらった。今回、この『今を生きるための般若心経の話』の序文を書かせていただくに当たっても、まず、われわれ二人の人生の軌跡の重なりのことに触れないわけにはいかない。

正博さんも私も誰かに頼まれたり強制されたりして、僧侶になったわけではない。人生のある時点で、一生を禅の修行者として生きることを自分の生き方として自発的に選びとったのである。正博さんは人生の本当の意味を知るために、私は自分がここにこうして存在していることの不思議さの感覚に導かれて、それぞれ安泰寺にたどり着いた(正博さんは京都時代の安泰寺で師匠は内山老師、私は浜坂に移転後の安泰寺で師匠は内山老師の法嗣の渡部耕法老師)。そして、二人とも、安泰寺からアメリカに渡り、そこでの長年にわたる修行と指導の経験を持ち、海外の修行者たちの間で揉まれながら、苦労して英語で禅を語る力を鍛えてきた。正博さんも私も、結婚して家庭を持ちながらも、坐禅と修学、そして指導が続けられるような場を与えられたり、また自ら作り出したりしながら、なんとかかんとか修行を継続させて今に至っている。

二人ともそろそろ人生の終盤に差し掛かっている。正博さんはおそらく終生アメリカにとどまるだろうし、私は日本に骨を埋めることになるだろうが、暮らす場所は異なっても、そういう生き方の基本的方向性はたぶん変わることがないだろう。われわれはそういう生き方しかできないような、不器用なところが似ているのだと思う。その同じ方向性が、またわれわれをどこかでクロスさせてくれるだろう。

それにしても、禅、特に道元禅を海外に広めている正博さんの活躍ぶりには目覚ましいものがある。師匠である内山興正老師の「筋金入りの坐禅人を育てること」、「現代人にふさわしい正確な坐禅のテキストを作ること」という二つの誓願をまっすぐに引き継いで、数多くの弟子たちを育て、すぐれた英文の禅書を多数出版されているのだ。現在、道元の著作の多くは英訳されており、特に主著とされる『正法眼蔵』の全訳本はすでに数種類ある。しかし、それをそのまま読んだだけでは、おそらく道元の真意を読み取ることは難しいだろう。日本語の原文に忠実に訳せば、英語として意味が通らなくなるし、かといって意訳すれば原文の豊かな含意が失われてしまう。『正法眼蔵』は基本的に翻訳されることを拒否するようなやっかいな著作なのだ。日本語の原文ですら説明が難しいものを英語でどうやって伝えていくのか。正博さんは英語を母国語とする坐禅修行者たちと翻訳チームをつくり、原文の詳細なニュアンスを彼が英語でできる限り正確に説明し、共同の議論を通して原文についての共通の理解を得てから、訳文を選んでいくという実に気の長い地道なやり方をずっと実行してきた。そうした作業の成果として、『正法眼蔵』の注釈本が次々に生み出されてきている。『正法眼蔵』に並ぶ重要なテキストである、大部の『永平広録』もそのようにして翻訳された。禅に関してステレオタイプな偏ったイメージができあがっている欧米において、まだよく知られていないフレッシュな道元禅の姿を、正博さんのこうした著作が雄弁に発信し続けているのである。

また、正博さんは、『正法眼蔵』を数日から一週間かけて集中的に講読していく「眼《げん》蔵会《ぞうえ》」という学びの場を北米やヨーロッパで開き続けている。英語でこれだけ広く深く

『正法眼蔵』のことを語れる禅者（学者ではなく）は世界を眺めてみても極めて稀である。私は正博さんが眼蔵会をやったいくつかの禅センターを訪ねたことがあるが、皆が異口同音に正博さんの講義で仏法に対する眼を開かれる思いがしたと語っていた。

海外でそういう大きな働きをしておられる正博さんだが、日本ではまだほとんど知られていない。西洋に禅を広める上で大きな足跡を残したサンフランシスコ禅センター創設者鈴木俊隆老師（一九〇五～一九七一）もそうだった。欧米で禅をやっている人なら誰でも知っている鈴木老師の有名な講話集 Zen Mind Beginner's Mind の存在を知っている人は日本にどのくらいいるだろう（『禅マインド　ビギナーズ・マインド』という題で邦訳がサンガから出ている）。鈴木老師は日本であまり知られないままに遷化されてしまったが、この情報革命と言われる時代に、正博さんの存在と活躍が母国日本に知られていないというのはあまりにもさみしいことだと言わなければならない。日本の禅の未来にとってもそれは大きな損失ではないのか。

日頃そういう思いを抱いていた私であるから、今般、正博さんがバレー禅堂から日本に戻り京都園部の昌林寺にあった京都曹洞禅センターで活動していた時代に行った般若心経についての講義が自伝的な「只管打坐の道」と合わせて、『今を生きるための般若心経の話』として出版される運びとなったことを心から喜んでいる。日本語の正式な本としてはこれが正博さんのデヴュー作になるはずだ。『般若心経』の講義の部分は私家版として印刷されたものをずいぶん昔にいただいて読んだことがあるが、今回改めて読み直して、いかにも正博さんらしいとても丁寧で細かい、それでいて坐禅修行者の面目躍如たる地に足のついた解説に新たな感動を覚えた。巷にたくさんある『般若心経』の解説書とは一線を画するものとして、広く読まれるべき本だと信じる。

本書が、海外で活躍する奥村正博という禅者の存在が日本の心ある人々に知られるきっかけになることを願っている。

（オンライン禅コミュニティ磨《ま》塼《せんじ》寺住職）

般若心経の話

渾身口に似て虚空に掛かる

仏説摩訶般若波羅蜜多心経

観自在菩薩行深般若波羅蜜多時照見五蘊皆空
度一切苦厄舎利子色不異空空不異色色即是空
空即是色受想行識亦復如是舎利子是諸法空相
不生不滅不垢不浄不増不減是故空中無色無受
想行識無眼耳鼻舌身意無色声香味触法無眼界
乃至無意識界無無明亦無無明尽乃至無老死亦
無老死尽無苦集滅道無智亦無得為無所得故菩
提薩唾依般若波羅蜜多故心無罣礙無罣礙故無

有恐怖遠離一切顛倒夢想究竟涅槃三世諸仏依
般若波羅蜜多故得阿耨多羅三藐三菩提故知般
若波羅蜜多是大神呪是大明呪是無上呪是無等
等呪能除一切苦真実不虚故説般若波羅蜜多呪
即説呪曰
羯諦羯諦波羅羯諦波羅僧羯諦菩提薩婆訶
般若心経

本稿は、一九八九年から一九九〇年に、キリスト教と仏教を学ぶ「東西の会」においておこなった講義の記録に加筆修正したものです。協力くださった会のメンバーの方々に厚くお礼申し上げます。

一、般若心経の歴史的背景

インドの仏教の歴史のなかで「般若心経」ができた背景、あるいは歴史的必然性についてお話しします。

仏教はいうまでもなく釈尊に始まります。インドは歴史が非常に曖昧で、釈尊がいつ生まれていつ亡くなられたかがはっきりしない。三つほど学説があるのですが、百年以上違うのです。大体紀元前五世紀から四世紀の間の人らしいです。

生まれられたのは、今の国名でいうとネパールです。釈迦族の王子として生まれられた。日本ではお釈迦様と親しみをこめて呼びますが、釈迦というのは部族の名前です。個人としての名前は「シッダルタ」です。

伝記によると、少年の頃、田植えをしているのを眺めていて、鳥が虫をついばんだのに衝撃を受けて考えこむような性格の人だったようです。弱肉強食の世界がいやになって、そうでない生き方に憧れたということなのでしょう。

ちょうどその頃、インドは、小さな部族国家がだんだんと大きな国に併合されて属国になったり、あるいはまったく消滅してしまうという歴史の過程のなかにあった。釈迦族にもその危険があり、現実に釈尊の晩年に滅亡してしまうことになるのです。

そんな小国の王子として生まれられたということもあったと思います。生来繊細で内向的な人であったらしくて、競い合いの世界がいやになられたのでしょう。

そんな性格だったので、家を継ぐのをやめて出家をされたら困るというので、父の浄飯王がすごく甘やかしてぜいたくさせたんですね。春夏秋冬それぞれ違う宮殿を造って、絶対退屈させないようにした。そして十九歳できれいな奥さんを貰って、やがて子供ができたんです。その子の名前がラーフラというんです。「ラーフラ」というのは束縛という意味らしいです。ようこんな名前つけたと思うんですけれども。

だから若い頃はすごく享楽的な生活をされたわけです。それがまたいやになった。もっと人間の本来的な生き方がないのかと悩まれた。

釈尊の出家の動機を説明するものとして「四門出遊《しもんしゅつゆう》」という伝説があります。城に四つの門があって、ある日シッダルタが一つの門から出ようとしたら醜い老人がいました。シッダルタはまだ若くて元気だったし、そんな育てられ方をしていたので老人なんか見たことなかった。それで従者に「これは何だ」と尋ねたら、「これは老人、年を取ると誰でもこうなるのです」と言われて、げんなりして、遊びに行くのをやめてしまった。

次の日に、別の門から出て郊外に行こうとすると病人がいた。シッダルタは病人も見たことがなかった。過保護になると、そういう危険性があるのですね。過剰反応してしまう。で「これは何だ」と聞くと「誰でもちょっとしたことで病気になるのですよ」と従者が言う。また意気消沈して帰ってしまう。

次の日、三つ目の門から出ようとしたら死人が棄てられていた。死ということも知らなかったわけですね。また、「これは何だ」と連れの人に聞くと、「これは死人です。人間は誰でもいつかは死ぬのです」と言われた。それでまた憂鬱になってしまう。

次の日に最後の門から出ようとして、沙門を見かけられた。沙門というのは修行者です。そのすがすがしい姿を見て、自分も出家して沙門になりたいと思われたというんです。

要するに、人間の生というのは、老、病、死、の苦に満ちている。この苦しみからどうしたら解脱できるのか、その解脱の道を求めて家を出、国を棄てて、乞食修行者になられたというんです。ですから釈尊が道を求めて家を出た動機は、弱肉強食の競いあいの世界からの解脱、そして生老病死——人間が生きている限り逃れることができない四苦からの解脱の道を探し求めたいということだったんです。このことは仏教という宗教を理解するのに大切なポイントだと思います。

それから六年間、禅定と苦行をされたといいます。この二つが当時のインドの主要な修行方法だったんです。

最初、釈尊は有名だった二人の先生について禅定を修行された。禅定というのは瞑想です。坐禅と同じ姿勢で坐ってさまざまな瞑想をすることによって悟りをひらく方法です。ヨーガのことです。そして、その先生たちと同じ段階までいったんだけれども、まだ自分では満足できなかった。

それで次に苦行を始めた。今でもインドで釘をいっぱい刺した板の上に寝転んだり、まったく食物をとらなかったり、まったく着物を着なかったり、さまざまな苦行をしている人たちがいますね。苦行という発想は、要するに、人間は身体から出る欲によって心あるいは魂が汚されているのが苦の原因なのだから、苦行によって身体をいじめて、体力を落とすことによって魂が浄化され、苦から解脱できるのだというのです。

釈尊は徹底的な苦行をした。「出山の釈迦」という有名な彫刻がありますね。身体がガリガリに痩せてあばら骨が見えている。苦行では駄目だというので、山を出て来たときの姿があれだというのです。

禅定でも苦行でも駄目だというので、自分一人になって尼蓮禅河《にれんぜんが》のほとりの菩提樹の下で坐り続けられた。そして、十二月八日、明けの明星が見えたときに悟りをひらかれた、というふうにお経に書いてあります。

それから、しばらくたった一人で坐り続けられた。その間、自分はこれで解脱できたけれども、自分が悟ったものはすごく難しい、いくら説明しても人々にわかってもらえないだろう、無駄だからこのまま死んでいくのがよいのではないかと思われたということです。

そのときに梵天《ぼんてん》というインドの神様が現れて、この世界には優れた人々もいて、釈尊の説法がなければ苦に沈んでいなければならないが、釈尊の法を聞くことによって解脱できる人たちがいるのだから説法してくださいと頼んだというのです。最初の二回は拒まれたが、三度目にお願いすると、ようやく、その気になられたというのです。

これは文学的な表現ですが、要するに釈尊のなかに躊躇があったのでしょう。自分が得たものを人に説いて社会的なものとするか、あるいはこんなことといくら説明してもわかってもらえるかどうか、自分一人解脱したというそれだけで充分ではないかと。だからもう静かに死んでいけばいいのだと……。

しかし、「それでは」というので、どのように説明すればいいのかを考えられた。そして、それまで一緒に苦行していた修行者がいる鹿野苑《ろくやおん》に行かれた。その修行者たちは、釈尊が苦行をやめたときに「彼は堕落した」といって釈尊を捨てていった人たちです。

その人たちに初めて法を説かれた。それを「初転法輪《しょてんぽうりん》」といいます。法の輪を転がすということです。お経によると、鹿野苑で五人の修行者に説かれたのが「四聖諦《ししょうたい》」なんです。

「四聖諦」というのは、般若心経にも出てきますし、仏教を説明した本には必ず出てきます。四つの聖なる真理というのは、「苦諦《くたい》」「集諦《じったい》」「滅諦《めったい》」「道諦《どうたい》」です。

「苦諦」というのは、人間の生は四苦八苦に満ちているということ。

「集諦」というのは、その苦の原因は渇愛だということ、渇愛の渇は、渇きです。喉が渇いたときに水を欲しがるように、欲しがっている。いつも欲求不満で、満足を求めている。自分以外の人や物によって不満を埋めようとする。自分が自分に落ち着けないわけです。そして求めたものが得られないときは、もちろん苦しいです。得られてもいつ失うかわからないし、あるいはもっと良いものが欲しくなる。得たものを失う不安か、あるいはいっそうの欲望の肥大によって苦しみは消えるどころか大きくなる。どのみち、成功しても失敗しても、渇愛を基にして欲求不満を原動力として生きている限り、本当に満足するということはない。際限なく求めるか、失う不安におののく。結局、苦しみの原因はわれわれのなかにあるんだということです。それではどうしたらその苦しみが減らせるかということですね。

「滅諦」というのは、苦しみを減らした、解脱した状態ということですね。欲望、煩悩をコントロールする状態というほうが正確なようです。

「道諦」は、滅に至る道です。それに八つあるというので、「八正道《はっしょうどう》」という。八つの行ずべき道があるということです。それは、「正見《しょうけん》」「正思《しょうし》」「正語《しょうご》」「正業《しょうごう》」「正命《しょうみょう》」「正《しょう》精進《しょうじん》」「正念《しょうねん》」「正定《しょうじょう》」です。

「正見」は正しい物の見方です。我欲を通して見ないで物そのものをありのままに見る。

「正思」は、考え方です。われわれは物をただ見るだけでなく、それを見て考えるわけです。これは何か、良いものか悪いものか、役立つものか役に立たないものか、価値あるか無価値か、好ましいか否か。そうして初めてその物を認識できる。渇愛に影響されない考え方です。

「正語」というのは、人と話すときに正しい言葉を使うこと。「四摂法《ししょうぼう》」という道元禅師が大切だとされる四つの徳目の一つに、「愛語」というのがあります。慈愛をもって、おだやかな言葉で話すことです。

「正業」の「業」は、行為行動です。我から自由になったところで行動する。

「正命」の「命」は、生活です。

「正精進」というのは、努力です。

「正念」の「念」は、ちょっと日本語ではわかりにくいですけども、常に邪念を離れて仏道を思い続ける意志ですね。

「正定」は、正しい禅定、坐禅のことです。

この八つのことを修行することによって、渇愛から自由になり、煩悩がコントロールされた状態に至ることができる。それが解脱だということを、釈尊は教えられたわけです。釈尊の教えの一つの公式化されたまとめですね。

もう一つの、釈尊の説をまとめたものに、「四法印《しほういん》」があります。法印とは釈尊が説かれた法のしるしという意味です。印鑑の印です。例えば、絵や書に誰それのハンコが捺してあれば、その人の作品だと証明されるわけです。同様に、四法印にかなっていたら、それは釈尊の教え、正しい仏教だと判断してもいいということです。

第一が「一切皆苦《いっさいかいく》」。渇愛を原動力として生活行動をやっている限り、一切は苦しみ、あるいは苦しみの影をおびている——いつ苦しみに転化するかわからないということで、四聖諦のと同じです。

一切皆苦などというので、仏教はニヒリズムだとか悲観主義だとかいわれることがあります。しかし「一切は苦しみだ」という場合の「苦」は、苦と楽とが半々あるという意味での苦じゃないんです。一切というからには、楽しみ、喜び、成功、などをも含んだ一切が苦しみだということです。苦しみから逃れて楽しみを追う、不幸がいやだから幸福を追い求めている――そういう生き方をしているかぎりは、一切が苦しみだということです。

第二は「諸行無常」。あらゆるものが常に移り変わって、絶対に止まることがない。永久に変化しないで存在し続けるものはないということです。

第三が「諸法無我」。あらゆるものには「我」がないということです。この「無常」と「無我」とが、釈尊が説かれたことの根本です。だから仏教があるところでは常に無常と無我とが説かれるわけです。

第四が「涅槃寂静」。われわれが渇愛によって生きること――苦しみから逃れて楽しみを求めて生きる、好きなものは追いかけ、嫌いなものから遠ざかろうとするという、追いかけたり逃げたり、浮いたり沈んだりする中途半端な生き方をやめたところに、静かな悠々とした生き方があるということです。

だから「苦」というのは無常、無我が見えないで、われわれのなかに「我」があると思い、その我を満足させるために生きている限り、一切は苦しみだということです。

生まれてから、二十年、三十年、五十年、亡くなるまで同じ、変わらない、無常ではない「自分」というものがあると私たちは思いこんでいる。普通われわれは、この「自分」がどれだけ満足できるのかということを、自分の人生が成功であるか失敗であるかの基準にしているんです。幸せか不幸かを、例えば財産がどれだけあるか、社会的地位がどれだけ高いか、そういうことで判断しているわけです。そんな「我」を中心にして人生を考えたら、つまり、無常、無我が見えなくて、我というものを満足させるために生きていけば、一切は苦しみになってしまうということです。無常無我という事実に目覚めて、我をつっぱるのでなく、今、ここを大切に、そして一切衆生とともに生きていくというのが涅槃寂静の生き方です。

この「四聖諦」と「四法印」が、釈尊の説かれた根本だと私は理解しています。こういうことを、釈尊は成道されてから八十いくつで亡くなられるまで、インド中を歩きながら説いてまわられたのです。ただ、四聖諦とか四法印というように、公式的なまとめとして説かれたのではありません。出会う人によってさまざまな問題をもっているわけですから、そのときそのとき、相手に応じて、具体的に説かれたはずなんです。釈尊が亡くなったのち、そのエッセンスを記憶しやすいように公式にまとめたのが、四聖諦や四法印だったのでしょう。

釈尊が亡くなられたのち、おもだったお弟子さんたち——五百人といいます——が集まって、「結集」というのがなされた。釈尊の侍者として何十年も一緒に歩いていつも説法を聞いていて、記憶力が抜群にすぐれていた阿難《あなん》という人がいたのですが、その「結集」のとき、阿難が、釈尊はあのとき、ああいうことを説かれたということを暗唱したんです。それを五百人の人たちが、「ああそうだ、あのとき、釈尊は確かにそう言われた」と承認したら、釈尊の教えだと認定され、「経」として記憶されたんです。その当時インドにはすでに文字はあったんですが、釈尊の教えは初期の頃は文字にされず、記憶暗唱して伝えられていきました。

しかし、インドは広いですから、あっちへ行ったりこっちへ行ったり、あるいは、何代も何代も年代が経っていくと、文化的な違いや時代の違いによってお経がだんだんふくらんでいったわけです。そして、時代とともに、出家仏教はだんだんと学問になっていきます。釈尊の教えを、哲学的、論理的に説明しようとした。それで、お経に対する哲学的注釈が書かれるようになりました。それが「論」なんです。

仏教の文献には、「経」と「論」と、もう一つ「律」というのがあります。律というのは、出家した人たちが集団生活のなかで守らなければならない規則を書いたものです。

この三種、経、律、論を「三蔵」といいます。法の蔵です。このように、釈尊の教えがのちになってまとめられていったわけです。

出家の人たちはこういう釈尊の教えのまとめをしたわけです。それが部派仏教とよばれています。それに対して在家の人たちは、釈尊が亡くなったあと火葬された遺骨をまつります。釈尊滅後、遺骨は八つに分けられて、それぞれの地方でまつられ、塔が建てられた。

それがスチューパ（卒塔婆）あるいは舎利塔といわれるものです。日本のお寺にある五重の塔も、あるいはお墓に供える板塔婆も、その起源は釈迦の遺骨をまつった仏塔なのです。

後世、阿育王によってインドが統一されたとき、八つの地方にまつられていた仏骨はもっと多くに分けられて、国中に仏塔が建てられます。在家の人たちは、巡礼のようにそれら仏塔をまわって、物をお供えしたり、舎利を礼拝していたわけです。この仏塔あるいは仏舎利信仰が、大乗仏教の一つの源流とされています。

もう一つ、これも仏塔信仰と関係があるのですが、現在の仏教学者が「讃仏乗《さんぶつじょう》」と名づける流れがあります。釈尊の伝記を韻文で書いた文学的な作品や、あるいは本生譚《ジャータカ》と呼ばれるものが生み出されていきます。釈尊と、釈尊が過去世から生まれかわり死にかわり修行された行動を讃仰する運動です。仏塔にそのレリーフなどが残されていますので、巡礼に来た人たちに、釈尊の物語を語って聞かせていた人々がいたのでしょう。

釈尊がどういう人生を送られたか、どういうことを教えられたか、あるいはもう一つさかのぼって、この世に生まれるまでにどんな修行をされたのかというようなことを物語として聞かせた人々がいたようです。正倉院の玉虫厨子にある「捨身飼虎《しゃしんしこ》」のお話とか、良寛さんも詩に書いている「月のうさぎ」の話などが、ジャータカのなかでは有名です。要するに、自分の身を犠牲にしてでも人のために働くような利他行を、釈尊は生まれかわり死にかわりなさった、その結果この世で成仏されたということを説くわけです。

一方、出家者の僧団は、僧院に定住するようになり、先ほど言ったように、哲学的議論と自分の解脱のための修行をするようになりました。また部派が分裂を重ねていき、最終的には二十くらいの部派ができました。それでこの流れは「部派仏教」と呼ばれます。そのなかでは「説一切有部《せついっさいうぶ》」という部派が有名です。のちに、大乗仏教から、個人の解脱しか眼中にない小乗、と批判されたように、一般社会や在家信者との関わりが少なくなって、宗教的専門家集団となっていきました。

このように釈尊滅後の仏教には、出家僧団の流れと在家の信者の流れとがありました。出家者の世界はだんだんと固定し、哲学的にはすごく整理され完成されていったけれども、宗教的な、いきいきとした生命がなくなってしまったわけです。組織的になり、教条ががっしり決まってしまった。生きている人間が現実の苦しみからどう解脱するかなんていうことは問題でなくなってしまった。そんなことよりも議論の正しさが大切になってしまった。

今、苦しんでいるこの自分をどうすれば良いのか、どうしたら解脱できるのかという宗教的な問題が釈尊の出発点だったのですが、だんだんと、哲学的、学問的になってしまったわけです。在家の人々から見たら、何やっているのかわからないというふうになってしまった。

坊さんたちがやっていることは、釈尊の生き方や、ジャータカなどで物語られる菩薩の生き方とは違うのではないか、何かまちがっているのではないかという批判が出てきた。そういう在家の人たちの運動のなかから大乗仏教がでてきたのです。


大乗仏教で重要だとされたのは「六波羅蜜《ろくはらみつ》」という六つの修行でした。六波羅蜜というのは、「布施《ふせ》」「持戒《じかい》」「忍辱《にんにく》」「精進《しょうじん》」「禅定《ぜんじょう》」「智慧《ちえ》」です。その最後の「智慧」というのが、「般若心経」の題名になっている「般若」なんです。

六波羅蜜は、もともと釈尊が菩薩のときに修行されたこととされていました。大乗仏教の人々は、自分たちは菩薩だと考えていたのです。というのは、部派仏教の人たちは、自分たちは仏さんにはなれないと思っていたのです。仏さんというのは釈尊だけなので、自分たちはいくら修行しても羅漢にしかなれないと考えていたのです。ところが大乗の人たちは、釈尊がなれたのに他の人間になれないわけがないと考えた。今は凡夫でも、釈尊と同じ六波羅蜜の修行をしていけば、遠い未来であっても成仏できないわけがないというわけです。凡夫であっても発心すれば菩薩なのだと。発心というのは発菩提心《ほつぼだいしん》の略です。菩提心は道心ともいいますが、道を求める心です。菩提心を発した人が菩薩と呼ばれるのです。

「般若心経」に出てくるのは観自在菩薩ですね。大乗のお経には、ほかに文殊菩薩とか普賢菩薩とか素晴らしい菩薩がでてきますが、普通の凡夫であるわれわれだって菩提心をおこしさえすれば菩薩なのだと考えたのです。

その菩薩の修行すべきことが六波羅蜜だったのです。菩薩の精神が釈尊の本当の教えだったと主張する一つの宗教運動が起こってきました。最初は在家の人たちの運動だったのですが、そのうちに部派仏教の出家の人たちにも、こちらのほうが本来の釈尊の生き方にかなっていると考える人たちが出てきて、大乗仏教がだんだんと盛んになり、その教えも整理されてきて、哲学的に深くなっていきます。そしてさまざまな大乗の経典を生産していきます。

「般若経」経典群は、それらのうち最初にできたものの一つです。般若経は、菩薩の修行すべき六波羅蜜のなかで、般若の智慧が一番根底的で大切なものだということを主張する経典なのです。

「波羅蜜」というのは、「完成」とか「到彼岸《とうひがん》」と訳されます。彼岸というのは、こちら岸でない向こう岸です。一切皆苦の流転輪廻の世界がこちら岸、これから解脱したのが涅槃のあちら岸、つまり彼岸です。こちら岸から向こう岸に渡るのに何が大切かというと、それは六波羅蜜の修行だと大乗の人たちは考えたわけです。

六波羅蜜のいちいちを、簡単に説明しましょう。

「布施」というのは、人に何かを施《ほどこ》すことです。日本では、葬式や法事の時にお寺さんにお金を渡すことを布施といいますけれども、もともとは、財施、法施、無畏施《むいせ》という三種類の布施があるとされます。財施は在家の人が出家の人や必要のある人に食物や金品を施すこと。法施は、おもに出家者が在家の人々に仏の教えを施すこと。無畏施は、人の恐怖心を取り除いてあげることです。

「持戒」は、戒律を守り、生活を規則あるものにすること。

「忍辱」は、忍耐。

「精進」は、怠けずに努力を続けること。

「禅定」が、坐禅。

「智慧」が、般若です。

この般若の智慧が最も大切で、他の五つも般若が欠けていれば波羅蜜にはならないというのが、般若心経がいいたいことなのです。

般若経では、般若というのは「空」を観る智慧だといわれます。その空ということがこの「般若心経」の主題ですので、あとでお話ししますが、「般若経」は簡潔にいうと、仏塔信仰のように仏さんを讃仰するだけでなく、一人一人が自分も菩提心をおこし、釈尊がなさったような修行をしなければならない。その修行に六つの項目があるけれども、そのなかで般若波羅蜜の修行が一番大切だということを説いているお経なんです。

般若経というのは、一つのお経ではなく、多数の空観を説くお経が合わさって般若経と呼ばれています。唐の玄奘三蔵が訳した大般若経は六〇〇巻あるんです。その膨大な般若経のエッセンスを短くまとめたのがこの般若心経です。この場合の「心」は「こころ」という意味ではなく、「積聚精要《しゃくじゅしょうよう》」、つまり、「多数あるうちのエッセンス」という意味です。

以上が般若心経が出現した大体の歴史の流れです。

二、般若の智慧

「般若心経」は、詳しくいうと「摩訶般若波羅蜜多心経《まかはんにゃはらみったしんぎょう》」です。

「摩訶」は、「大・多・勝」の意味だといわれています。大きな、偉大なということです。

「般若」は、サンスクリット語の「プラージュニア」の音訳です。ですから「般」とか「若」とかの漢字のもともとの意味とは関係がないんです。今、外来語をカタカナで書き表しているのと同じです。意味で中国語に訳すと「智慧」ということになります。ただ、中国語や日本語で智慧というのと、仏教用語としての般若の智慧とは違うので、般若というインド語をそのまま使っているわけです。その「般若」がどのような智慧なのかを、「般若心経」は説こうとしているのです。

「波羅蜜多」は、「完成」あるいは「到彼岸」と訳されます。大乗仏教で「六波羅蜜」は、修行者、つまり菩薩が修行すべき六つの徳目です。

「菩薩」は、道を求める人です。成道して仏さんになられる前のお釈迦さんを仏伝文学で「菩薩」と呼んでいました。サンスクリット語では「ボーディサットバ」です。ボーディは「菩提」です。「目覚め」ということです。サットバは意味で訳すと「有情」、心や感情をもった存在、要するに人間のことです。だから菩提薩埵《ほだいさつた》、ちぢめて菩薩というのは「目覚めた人」という意味です。

「目を覚ました人」というと、誰だってみな目を覚まして生きているだろうと思われるでしょうけど、仏教では普通の人間は目が覚めていない、夢や幻のなかで生きているというのです。人生というのは夢のようなものです。その夢のような人生が、夢のようなものだとわかることが、目が覚めるということなのです。われわれみな、現実、現実といって、われわれが考えている現実が確固として存在するようなつもりで生きているわけですが、現実というのはわれわれが思っているほど確固不動のものではないとわかることが、夢から覚めるということなんです。

目が覚めただけでは駄目なので、その目を覚ましたところで誓願をもって生きていくわけです。夢幻のような現実をどうやって生きていくか、その生き方を求めて聞法《もんぽう》修行していくのが菩薩です。夢幻のようなものであっても、しかし、それがわれわれにとっては、唯一の現実なのですから、どうでもいいと無責任に生きていくことはできません。「菩提」というサンスクリット語は、中国語では「道」と意訳されます。「菩提心（目覚めた心）」の訳語が「道心」です。「求道心」ともいわれます。道を求める心が、目覚めた心です。菩薩は、ですから、道を求める人です。人間が現実、現実といっているものの虚しさに目を覚まして本当の生き方を求める人、という意味です。

大乗仏教をつくったのは、われわれは菩薩なのだと自覚していた人々です。それ以前は、悟りをひらいて成仏する以前の釈尊だけが、仏伝文学のなかで菩薩とよばれていた人でした。

しかし、釈尊のような特別に優れた人でなくても、道を求めている限り、悟りに向かって一歩でも半歩でも、足を進めようとしている限りにおいて、われわれも菩薩なのだと考えたわけです。

「発心」あるいは「発菩提心」という言葉がありますが、道を求める心をおこしている人はみな、菩薩なのです。われわれはまだ煩悩にまとわれ、迷っている人間であるけれども、道を求める心をおこした限りは、つまり仏さんという方向に向かって精進努力しようと決心した限りは、われわれも釈尊と同じ菩薩なんだという考え方が出てきたのです。道を求める心をおこした限りは、われわれも菩薩なんだという自覚、それが大乗仏教の出発点です。

そして、そういう菩薩たちの修行すべきこととして「六波羅蜜」がいわれるようになったんです。「般若波羅蜜」はそのなかの一つです。

「波羅蜜」は、意味で訳すと「到彼岸」あるいは「完成」です。「彼岸」というのは「此岸」の対語です。「こちらぎし」と「あちらぎし」。

「此岸」というのは、この煩悩の世界です。われわれが、物欲しい、物足りない、欲求不満があり、その欠けたところを満たすために何かしようとする。今、足らないもの、欲しいもの、それらを手に入れるためにはどうしたらいいかという動機に基づいて行動を起こす。そのもくろみが成功したら満足し、幸福を感じる。それが失敗したら不幸であり失敗であるという。要するに、浮いたり沈んだりする、それがいわゆる「六道輪《ろくどうりん》廻《ね》」です。此岸は流転輪廻の生き方です。

「彼岸」というのは、物欲しい、物足りないという欲望に基づいてではなしに「菩提心」、道や真実を求める願い、「誓願」から出てくる行動、あるいは生きる態度です。

流転輪廻の生き方から、誓願に基づく生き方に転換することが、仏弟子になるということです。自己中心的な欲望を満足させることを目的として生きるのをやめて、釈尊のように自分では何も所有しないで、道を説くために、裸足でインド中を歩き続けるような生き方を理想とする。その方向に一歩でも半歩でも進んでいこうとする。その生きる方向の転換が、大切なのです。

そういう生き方、根本的な価値観の転換は、何によって可能なのか、そのためにどういうことをしなければいけないのか。ただ頭のなかで、そっちはダメ、こっちのほうが高尚な生き方だとわかっているだけでは、仏教にはならないし、生き方の転換の力にはならない。自分の存在の根底からそうだと納得しないと駄目です。頭で「あれはダメ、これがイイ」と言っているのでは、たとえそれが仏教の教えについてであっても、流転輪廻のなかで、「あれがほしい、これがほしい」と思っているのと何も変わってはいないのです。

それではどうすれば、具体的に、生きる方向を転換できるのか、自分をひっくり返せるのかが大切です。そのための行としていわれ出したのが、先ほどお話しした「六波羅蜜」です。「此岸」から「彼岸」に渡るために実践すべきこと、あるいはもっといえば、方向転換したあと何を実践すべきか、彼岸の生き方はどういうことなのかが、六波羅蜜として説かれたわけです。

転換のための方法、手段というだけでなく、それ自体が彼岸の生き方でもあります。「完成」と訳される由縁です。その六波羅蜜のなかで、般若、つまり智慧が一番根本で大切なんだと説くのが、「般若波羅蜜多経」であり、そのエッセンスが「般若心経」です。

「般若経」は、大乗仏教の経典としては、最も早く書かれたお経の一つなんですけれども、「般若経」がいちばんいいたいのは、「六波羅蜜」のなかで智慧波羅蜜が、仏の教えに従って生きようとする者にとって、つまり、先にいったような生き方の転換にとって、いちばん大切なのだということです。あとの五波羅蜜は、この般若の智慧から必然的に出てくるものだし、智慧を欠いたどんな徳行も、波羅蜜（到彼岸）とは呼べないということです。

智慧というのは、正しい物の見方ですね。布施にしても、ただやみくもにお金をばらまいたらいいということではない。今、日本ではお金があり余っているから、貧しい国に援助しなければならないというので、お金をばらまいているわけですけれども、布施の仕方によっては、与えられた人に害になることもあるし、逆に相手から恨まれることもあるわけです。あるいは、お金を与えることによって、相手を自分に従属させようとするようなのは、我執《がしゅう》のためにやっているので、布施行には絶対なりません。

持戒というのも、釈尊が戒められた本当の意味を理解しないで、ただ箇条書きを守っていればいいというのでは、単なる生活習慣への固執になってしまう。自分らグループのなかで何かタブーをこしらえて、これを守っているものは救われる、そうでないものは駄目だと、戒律を守ることが我執になり、それによって排他的になってしまう。戒律をものさしにして他人を裁くようになる。

忍辱にしても、ただ何でもかんでも耐え忍んでいればいいのだということではないでしょう。正しい智慧に基づいた忍耐でなければ、かえって相手や社会を悪くしてしまう結果になるでしょう。

精進努力といっても、無方向の頑張りは、自分を苦しくしてしまうだけでなく、まわりの人にも有害です。日本人の勤勉が、世界の人々から危険視されるのは、智慧が欠けているからではないでしょうか。

禅定、坐禅も、智慧のない坐禅は、社会や自分の問題からの逃避であったり、自己満足になったりしてしまいがちです。それでは、その智慧はどういう智慧なのかということを、「般若経」は説いているわけです。それは一言でいえば、「空」をみる智慧ということです。「空」というのはどういうことなのかは、のちほどお話しします。

ただ、般若の智慧が、われわれが普通「智恵」という言葉で呼んでいるものとは違うものだということを、理解する必要があります。それで、般若は「無分別智」とも呼ばれます。仏教では、われわれの常識としての智恵は「分別智」と呼ばれます。

われわれが普通、智恵、あるいは知識というと、分別、つまり分類し区別することを指します。「これは赤いペンだ」というときには、これはエンピツではなく、青や黒のペンではなく、赤いペンだということです。そして、これはどこのメーカーの物だとか、値段はいくらとか、これについての知識をアタマのなかに箇条書きにして、それがちゃんとインプットされたときに、われわれは、この物体が何であるかを知っていると思うんです。

それは、もっと抽象的なこと、善悪とか、価値があるとかないとかいうことでも同じなんです。

要するに、われわれが学習し、知識を獲得し、ものごとを理解するというのは、存在をいくつかに分類して、そのものが分類のなかのどれに入るのかを整理することをいいます。頭のなかに無数の引出しをこしらえて、これはこういう物で、意味がある、ない、価値がある、ないといって、それぞれの引出しのなかに入れてしまえば、自分はこのことを知ったと思うわけです。そういうのが分別智です。われわれは、その分別して得た知識がどれだけあるかによって、賢い人間か、そうでない人間か、それをまた分別しているわけです。

ところが、般若の智慧は無分別智だというんです。今の日本の言葉では、無分別というのはアホだということですね。要するに知識がなく、一人前の判断ができない人を、あの人は分別がないという。

分別智の場合は「このもの」はあくまでも客体として自分の外側にある。しかし、仏教では、自分と「このもの」とが一つだという。分かれていない。主観と客観とが二つではないという。

二つに分かれて初めて分別ができるんです。けれど、われわれの生命の在り方として、自分と他のものは分けることができないというんです。他のものごととのつながりがあって初めて私は存在できるわけですし、私との関わりによって初めてものごとは認識されるからです。これを「縁起《えんぎ》」といいます。

「現成公案《げんじょうこうあん》」で道元禅師は、主観を自己といい、客観を「万法《ばんぽう》」といわれた。自己と万法の関わり方のなかに、迷いがあり悟りがある。「自己をはこびて万法を修証するを迷とす、万法すすみて自己を修証するはさとりなり」と、道元禅師はいわれています。また、「仏道をならふというは自己をならふなり、自己をならふというは自己をわするるなり。自己をわするるというは、万法に証せらるるなり。万法に証せらるるというは、自己の身心および他己の身心をして脱落せしむるなり」ともいわれます。

「万法」、すなわち「あらゆる存在」という限り、自己もすでにそのなかに入っている。万法というのは、存在マイナス自己というわけではありません。自己だけ除外されているんだったら万法とは呼べない。万法と独立し対立した自己などはないというのが、無我ということです。ですから、逆にいえば、自己といえば万法をひっくるめた自己です。万法を切り捨てた自己は存在しえない。

われわれが普通に考えているように、自己が万法と対立し、独立して、一対一で出会っているわけではない。自己と万法との対立のなかで、どういうふうに万法を処理すればいいか、どうすれば万法と摩擦を起こさずに生きられるのか、というような生き方は迷いなんだと、道元禅師はいわれるのです。

根本的にいって、自己と万法とを分けておいて、どうしたら自己と万法の関係がうまくいくのか、いくら考えたってうまくいきっこない。二つに分かれたものをもう一回くっつけようとするわけですから、うまくいきっこない。

そうでなしに、自己と万法とが分かれる以前のところからものを見るというのが「身心脱落」です。あるいは、観自在菩薩の「観」です。見る自分と見られる万法とが分かれる以前だから、分別のしようがないわけです。

だから本当には、無分別智は、智慧とか知識ともいえない。それで、智慧という言葉を避けて「般若」というインドの言葉をそのまま使っているのです。自分が何か自分以外のものと出会って、それを対象として観察して、アタマのなかでいろんな考えが出てくる、分別ができてくる、それは「般若」ではないわけです。

あるいは、「そういう分別智は駄目だから無分別でなければ」というのも、まだ分別です。「分別は駄目だ」という分別をしていることになる。ですから無分別智というのは、人間の個的所有物、あるいは達成可能な能力としてはありえない。無分別智というのは、分別の自己否定としてしかない。それが「自己を忘れる」ということです。

私の師である内山興正老師は、これを「アタマの手放し」と表現されます。われわれが坐禅するとき、どんな「オモイ」も手放しにしている。「アタマ」とか「オモイ」というのは、分別のことです。「手放す」ということは、分別がなくなるわけではない。なくなれば手放す必要はありませんから。けれども分別に引きずられない。

どんな分別もある種の幻影にすぎない、ということが根底的にわかったときに、それが手放せる。それから自由になれる。それが解脱です。しかし、手放しても、手放しても、また出てくる。だから手放しを何千億回とくり返す。それがわれわれの坐禅だと、内山老師は言われます。

そういう分別の手放し、分別の自己否定としてしか、無分別ということは、ないわけです。だから、坐禅そのものが般若だということになる。自分が無分別の境地になったとか、あのとき自分は無分別の智慧で真実が見えたとか、そういうことはありえない。

それではまだ分かれている。

主観と客観、自己と万法とが分かれる以前というのは、分かれる以前の事実としてあるんで、その事実を「見る」ことができてしまったら、それはすでに分かれてあるわけです。

「無分別」というのは言葉では表現できない。行としてしかありえないんです。黙って坐るしかない。

ところが、ただ黙って坐っていればいいのかというとそれだけでは不十分というので、もう一度ひっくり返さなければならない。だから仏教や禅の表現がわかりづらいのです。つまり、無分別は言葉で表現できない、黙って坐るしかない、というが、ただ黙って坐っているだけでは、他の人々への伝達ということがない。黙って坐らなければならないということを納得してもらうには、やはり言葉で説明しなければならない。でなければ、一人で悟りをひらき誰にも教えを説くことのない独覚《どっかく》の、自己満足になって、慈悲心が欠けることになってしまう。それでは、この無分別をどうやって言葉で表現し、人に伝えられるのかということがでてくる。

すでに述べたように、釈尊が悟りをひらかれたのちに、こんなこと、誰に教えてもわかるわけがないというので、説法せずに自分が悟ったまま死んでしまおうとされたと、お経に書いてあるのです。しかし梵天というインドの神様が、三回、釈尊に衆生済度《しゅじょうさいど》のために悟られた法を説いてくださいとお願いするんです。最初の二回は躊躇されたが、三回目にやっと説法をする決心をされた。それで鹿野苑に行かれて、四聖諦を説きはじめられた。それが仏教の起源です。

「無分別智」ということを人に伝えようとするときには、やっぱり言葉が必要です。それでのちの仏教の考え方に「後得分別智《ごとくふんべつち》」ということがでてくる。

普通の分別智ではなしに、無分別智に基づいて、主観と客観、自己と万法とが分かれる以前の在りようを何とか言葉で表現しようとする。言ってわかる人にはわかってもらいたいという誓願、あるいは慈悲心がなければならない。人を導くために、人々にその生命の真実の在り方を理解してもらい、一緒に行じてもらうために、やっぱり言葉を使わなくてはいけない。それで後得分別智ということを言いだしたんです。

だから、般若の智慧には、無分別智だから完全に分別が立ちいたりようがない、言葉の使いようがないという面と、その言葉が表現できないものをそれでも何とか言葉で言おうという面と、両方があるのです。

釈尊の説法も、この般若心経が言おうとしていることも、道元禅師が「現成公案」などで書かれたことも、そういう努力の一環なのです。

三、五蘊皆空

観自在菩薩行深般若波羅蜜多時照見五蘊皆空度一切苦厄

観自在菩薩

本文に入ります。

「観自在菩薩」というのは、法華経のなかでは「観世音菩薩」と訳されている。いわゆる観音さんと同じ菩薩の名前です。もとのインドの言葉の解釈の違いで二通りに訳されたんです。

「観世音」は、世音、世間の音を観じ衆生の願いに応じて身を現して衆生済度をするという慈悲の面が強調されます。「観自在」の場合は、自らの在り方を観ずるということですから、智慧の面が前に出てくる。

「菩薩」というのは、すでにいったように、道を求める人です。われわれのように道を求めはじめてまだ何年もたっていない凡夫も、菩提心をおこしさえすれば菩薩です。

しかし、ここでいう観自在菩薩とか文殊菩薩とかは、発心した凡夫で、仏さんになるために修行している人というよりも、仏さんにわざとならない人です。

仏さんというのは、「彼岸に行ってしまった人」という意味があるのですが、大菩薩たちは彼岸に行ってしまわないで、此岸と彼岸の間にいて渡し守りの役をしてくれる人たちです。菩薩は、智慧の故にこちら岸にいない、そして慈悲の故に涅槃に入らないといわれる。あくまでもこの世界にいて、一切衆生とともに歩み、衆生を彼岸に導こうとする。

大乗仏教には、観音菩薩とか、文殊菩薩とか、普賢菩薩とか、地蔵菩薩とか、弥勒菩薩とか、いろいろな大菩薩が説かれるのです。しかしそれらを、こちらがお願いすれば、おねだりすれば願望を成就してくれる有難い人と思うとまちがいなのです。よく温泉地なんかに馬鹿でかい観音像が建てられたりしますが、ああいうものとして考えたら見当はずれなのです。

迷いに迷い煩悩に引きずられて、どう生きていいかわからない、わかってもその通りにできない。そんな自分を済度してくれる働き、というか、力がわれわれの生命のなかにあるということなのです。それを菩薩というのです。

どこか自分の外にいて、頼んだら願いをきいてくれる、御利益をいただけるというのは、俗信としてあるわけですけど、本当の般若の智慧としては、どこかよそにそういう人がいるといえば、もうはずれてしまっている。

「観自在菩薩」というのは、われわれの生命力のなかにあって、われわれを迷いの夢から覚めさせせようとしている力……、生命力のなかにあるというよりも、生命の力そのものです。純粋な生命の力が生命にボケたり、生命の在り方に反するような生き方をしていると、これではおかしい、何かもっとまともな生き方があるはずだと気づかせてくれる、導いてくれる。あるいは仏の力、仏の命です。

われわれは、いつも頭で、自分中心に世間を見、くだらないことばっかり考えたり、欲に引きずられたり、腹を立てたりしているけれども、自分がそんな生き方をしているなかで、それじゃおかしいのではないかと、つついてくれる力、それが観自在菩薩です。その力が、われわれを発心させてくれる。道を求めることを可能にし、また道に導いてくれる。

そういうわれわれの純粋な生命力である観自在菩薩が、深い般若波羅蜜多、智慧の完成、あるいは完成された智慧を行じているときに五蘊《ごうん》が空だとはっきりと見られた。「行じているとき」ですから、般若の智慧というのは、アタマの働きではない。知能指数の問題ではない。知識があるなし、記憶力のよしあしとは関係ないのです。『正法眼蔵』の「摩訶般若波羅蜜」の巻で、道元禅師は「渾身の照見五蘊皆空なり」といわれているんです。「渾身」というのは全身と同じです。ですから般若はアタマの物の見方ではなしに、全身心で行ずべきものなのです。

「行深般若波羅蜜多時」のいちばん純粋な形は、坐禅です。そのときに五蘊皆空と照見された。「照見」というのは、照らして見る。はっきりと疑いの余地なく見るということです。五蘊がみな空であることを明らかに見て、そして、「一切の苦厄を度したまふなり」。五蘊を空と見ることによって、一切の苦しみから解脱ができるといわれるんです。

五蘊

五蘊というのは、要するに、物質的、精神的、あるいは心理的な存在の一切合切のことです。あらゆる存在を、五つのカテゴリーに分類して考えるわけです。その五つというのは、「色《しき》」「受」「想」「行」「識」です。仏教では、あらゆる存在をこの五つに分ける。あるいは五つの要素の関係のしあいによって、一切が成り立つという。「縁起」です。

「色」というのは、一切の物質的存在です。人間の場合でいったら、身体です。われわれの身体と、この宇宙を構成している物質の一切を、色と呼びます。サンスクリット語では「ルーパ」です。もともとの意味は「色とかたちがあるもの」です。

他の「受」「想」「行」「識」は心理的、精神的要素です。物質はまとめて「色」の一つで片づけられていて、簡単にすぎると思われるでしょうが、仏教が問題にしているのは、科学的客観的な、宇宙の構成要素とか存在の分類ではなしに、ほかならぬわれわれ人間の生命の在り方なんです。

だからわれわれの生命は、物質である身体と、心理的な要素によって成り立っているということです。「五蘊皆空」というのは、われわれ自身が、われわれが考えているように実体としてあるのでなく、空としかいいようのない在り方をしているということです。

「受」は感受性の受です。一応の話として主観と客観とを分けて、主観としてのわれわれが、自分の目だとか耳だとか鼻とか口とか皮膚の全体とかで、外にあるものと出会ったときに何か刺激を受ける、その受けた刺激のことです。

この「受」に、「憂受」「苦受」「喜受」「楽受」「捨受」の五種類があるといわれます。最後の捨受というのは、苦でも楽でもない何ともない刺激のことです。

「想」は、受けた刺激に基づいてアタマのなかでつくり出す表象、イメージのことです。目で色や形や大きさを見、鼻で匂いをかぎ、耳で音を聞き、あるいは舌で味わい、全身の触覚で感じて、その感覚に基づいて、それがどんなものか、そのイメージをつくり出す。それが想です。

「行」は、意志作用です。イメージに基づいてわれわれの心のなかに起こってくるものです。われわれは、日常生活のなかで何かと出会ったとき、まったく客観的に見ているということはほとんどなくて、いつもそれが自分にとって、好ましいか、好ましくないか、逃げ出すべきものか、追いかけるべきものか……そういう好き嫌いの感情や、べし・べからずの理性などに基づいて、もっと近づいて自分の物とするか、遠ざかって関係持たずに済ますかと、意識や認識よりも前にスタンスを決めている。

「識」は、以上の、受と想と行に基づいて、「これはこれこれのもの」と定義し認識する。このものは、しかじかのもので、こういう点では好ましいが、こういう点では好ましくないとか、判断し、概念をつくり、分類の引出しのなかに入れておく。サンスクリットのもともとの意味は「区別して知る」ということです。

皆空

われわれの身体と心と、それをとりまく一切の存在が「空《くう》」だと、観自在菩薩はハッキリと照らし見たわけです。

空というのは、固定的な、「これはこれだ」という実体がないということです。今、ここにあるこの「赤いペン」は、一応われわれの目には見えるけれども、実体として、ガチッとあるものではないということです。

われわれが普通あるとかないとか言っているときには、「今、私は赤いペンをもっている、だから赤いペンはここにある」と考えます。そして、この赤いペンをどこかに隠すと、赤いペンはここにはないといいます。

有とか無とかをわれわれが考えたり、言ったりするときは、ほとんどそういう意味で使っているわけです。しかし、そういう言葉の使用法では、このペンが、われわれの見えるところに存在するか、しないか、ある特定の場所にあるかないかを問題にしているのであって、この赤いペン自体が本当に存在するか、しないかは問題になっていません。

仏教で「空」という場合は、この赤いペンが本当に存在するのか、存在するとすれば、どういう在り方で存在しているのかが問題になっているのであって、この赤いペンが存在していることを前提において、それがここという特定の場所に「ある」か「ない」かと、問うているのではありません。その点をはっきりさせておかないと、仏教でいう「空」ということがわからなくなってしまいます。

空というのは、他の仏教用語でいうと「縁起」、「無《む》自性《じしょう》」のことです。

縁起というのは、あらゆるものは、原因とそれを助ける縁とによって、成り立っているのであって、それ自体として、他のものと関係なしに存在しているのではない、だから、それ自体の自性《じしょう》というものはない、ということです。釈尊が説かれた「無常」、「無我」を別の言葉で表現しなおしたものです。

「無常」は、一切のものは移り変わっていて、永遠に変化しないものは何もないということです。「無我」というのは、「他のものと関係なしに独立して、不変の自性を持って存在している「我」はないということです。

これは釈尊以前のインドにはなかった仏教独自の考え方です。正統的なバラモン教では、宇宙に遍満する精神的原理としてのブラーフマン（梵）が存在し、それに対応するものとして主体的原理として、永遠不変の実体であり輪廻の主体であるアートマン（我）が個人のなかに存在すると考えられていました。梵と我とは本質的に別個のものではなく、梵我《ぼんが》一如《いちにょ》と考えられていたのです。現代の仏教学者によると釈尊ご自身がアートマンの存在を否定されたかどうかは明確ではないのだそうですが、仏教がバラモン教で説かれたような形而上的実体を肯定することはなかったのは確かなようです。

後世の仏教の論書によると、否定対象としての「我」の定義は、「常一主宰《じょういっしゅさい》」ということです。常というのは、変化しないこと。

例えば、私は生まれてから四十何年間、毎日刻刻と変化しているわけです。身体も心も変化している。その変化している身体と心とは別に、何か、赤ん坊のときから今日まで私は私だという何か変化しないものがあると普通考えている。あるいは、そのことを前提として社会生活は成り立っている。

身体は、もともと、受胎したときはたった一粒の細胞だったわけです。それが分裂をくり返し、何億個かに分かれていろいろな身体の組織を構成し、一個の赤ん坊として生まれてくる。生まれてからも細胞分裂をくり返して、だんだんと成長し、二十年くらいたつと、成長が止まって成人ということになり、それからあとはだんだんと衰えていく。そしてついに、機能を停止して死んでゆく。心も刻刻変化している。頭で考えることも、子どものときと今とまったくちがう、心理状態も毎日ちがう。

身体も心もどんどん変化しているけど、そのなかに、あるいは、それとは別に、変わらない何かがあって、それが自分だとわれわれは考えている。赤ん坊のときも私は私だった、四十何年後も私は私だと、その変わらないものを「自我」だというのです。

そして、その「我」は、たった一つでなければならない。私は、事実として、いろんな矛盾を含んでいるわけですが、しかし自我が二つあっては困るわけです。我は世界中にたった一つで、他と交換ができない。そしてその「我」が、私の身体と心を主宰している。「我」が身体と心の主（持ち主、オーナー）となって、それらを運転し、運営し、コントロールしているということです。

だから、仏教が否定する「我」というのは、いつも変化している私たちの身体や心のなかにあるとされる、絶対変化しない、そしてたった一つである形而上的な実体です。その実体がこの変化している身体や心を所有し、コントロールし、死後には新しい身体に入って生まれ変わり、輪廻を続けるというのです。

現在の言葉で自我とかエゴとかいうのを、仏教的な意味で使えばそういうものです。そして、そのような「常一主宰」である「我」は存在しないというのが、釈尊が説かれた「無我」ということなのです。

あるいは「我」というのは、「観念」とか「概念」といってもいいと思います。今私が持っているものを「赤いペン」というわけですけれども、赤いペンという「概念」は変わらない。赤いペンは昨日も赤いペン、今日も赤いペン、明日も赤いペン、百年たっても、千年たっても、赤いペンは赤いペンで変わらない。

しかし「このもの」は百年前から赤いペンであったのではなく、「赤いペン」になる前は何か別のものだった。主原料はプラスチックだから、おそらく石油だったのでしょう。工場で加工され、いくつかの部品が組み合わされて「赤いペン」として出荷され、取り引きされ、そして消費者に買いとられ「赤いペン」として使われている。

しかも、これは、作られたその時点から、だんだんと赤いペンでなくなりつつある。というのは、早晩、インクがなくなったり書けなくなると、これはもはや赤いペンではなくゴミになって、ゴミ箱に捨てられ清掃工場で焼却されて煙やガスになって消えていく。だからこれの実物としては「赤いペン」であるのは、ほんの限られた期間でしかない。

概念としては赤いペンは一万年前も赤いペンだし、一万年後も赤いペンです。概念としては変化しない。変化してもらっては困るわけです。西洋哲学の、例えばプラトンのイデーというのは、そういう変化しないものでしょう。変化しない永遠のイデーが実物、実体であって、赤いペンでなかったものが加工されて赤いペンになり、そして変化して煙になっていく現象的なものは、イデーの影でしかないとされる。

仏教では、逆に、変化しないものは存在しない、実際に存在している実物は刻刻変化している、われわれの身体と心、それをとりまく現象だけだというのです。存在しているけれども、イデーのような実体としてあるわけではない。だから、空、無自性、だというわけです。

「我」とか「概念」とかは、それが社会生活に必要で、かつ便利だから人間がこしらえたものです。例えば、物物交換ではいちいち実物を運んでこないと取り引きできないから、お金をこしらえたというのと同じです。紙幣は実物としては何かが印刷してある紙でしかない。しかし、人間の約束ごととしては、紙幣を持っていると何にでも交換できる。約束ごとのシンボルとしてある。

インフレが激しい国では紙幣が紙幣の役を果たさないと同じように、紙幣そのものに価値があるわけではない。紙幣というのは、人間の約束に基づいた機能なのです。本当はお金というのは、機能なので存在ではない。「我」というのも同じようなもので、約束ごとに基づいた機能なので実体としての存在ではない。

無常だからといって、「身体も心も刻刻変化しているから昨日の私は今日の私ではない、だから、昨日私がした借金に対して今日の私は責任がない」と言われたら困るので、必要にせまられて、昨日の自分がやったことに対して今日の自分が責任をとらなければいけないと、約束ごととしてほぼ全員が納得しているわけです。

また、無常のなかにも業として連続性がないわけではないから、変化しているといっても、過去の自分の行為に対して責任をとらなくてもいいというわけにはいかない。しかし、だからと言って、昨日も今日も変わらない固定した「我」があることの理由にはならない。この身体と心を所有し運営している「我」があるというのは、人間社会の約束ごとにすぎないのです。

そういう「無常」「無我」ということは、釈尊から説かれているわけですが、大乗仏教では、同じ事実を「空」という言葉で表現しなおしたんです。それを別の言い方で言えば縁起なんです。

縁起というのは、あらゆるものごとは因と縁によって起こるということです。因は原因、縁は原因を助けるものです。

よく使われる例は、花や野菜の栽培です。種子を地面に蒔いて、肥料をやったり、水をやったり、太陽の光が当たったり、熱が加えられたりすると、種が原因で、芽が出て成長を始め、やがて、花が咲き実がなる。縁というのは、原因である種が実を結ぶまでの過程を助ける一切のものです。すべてのものごとは、それぞれの原因と、それを助けるあらゆる要素によって現象している。

「現成公案」の巻に「たき木、はひとなる、さらにかへりてたき木となるべきにあらず。しかあるを、灰はのち、薪はさきと見取すべからず。しるべし、薪は薪の法位に住して、さきありのちあり。前後ありといへども、前後際断せり」という言葉があります。

赤いペンの例で言えば、このようになります――これは縁起の過程において、今、ここに、赤いペンとしてある。過去には赤いペンではなかったし、将来は赤いペンではなくなる。しかし、今、ここでは、赤いペンという在り方をしている。永劫不変の赤いペンが、カチッと存在するわけではないけれども、今、ここ、これは赤いペンの法位に住して赤いペンとして機能している。これが仏教の見方です。こういう存在の在り方を、「空」という言葉で表現するわけです。

「無常」「無我」というと、何か情けないような、淋しくなるような、否定的な、あるいは感情的な語感があるのを、もっと論理的な議論に耐えられるようにしようというので、「空」という言葉が使われたのだと思います。「空」でもまだ消極的、否定的で、ニヒリズムと誤解される可能性があるので、法華経では、そういう生命の在り方を「諸法実相」とまた言い直しているんです。

度一切空厄

「五蘊皆空」というのは、われわれの生命、身体と心は、空という在り方をしているということですが、そのことを照見——はっきり見ることによって、どうして、一切の苦厄を度することができるのでしょうか。

「空」はさきに言ったように「縁起、無自性《むじしょう》」ということですが、それ故に「不可得《ふかとく》」です。

無自性というのは、例えば赤ん坊のなかに赤ん坊を否定する契機があって、だからだんだんと赤ん坊でなくなっていく。成長し、少年や少女になり、やがて成人となり、老人となり、死んでゆくということです。

赤ん坊に赤ん坊の変化しない自性があれば、変化し、成長することはできません。ですから、赤ん坊を赤ん坊としてとらえることは不可能だ、というのが不可得ということです。

われわれにはいつも、好ましいものをつかみ、それを所有物とし、いつまでもそばに置いておきたいという欲があります。それを執着といいます。執着のいちばん深いものが、自我に対する執着、つまり「我執」です。われわれは我をとらえようとして、却ってとらえられて、悩んだり、苦しんだりしている。

空であるということは、とらえられないものを、とらえられないものとして、はっきり見る、徹見するということです。「般若心経」のあとのほうにも出てきますが、「不可得」だからつかめない、だからつかまない、という態度が「無所得」です。

道元禅師の坐禅についての教えのなかで、最も大切なものの一つが「無所得」ということです。「学道用心集」のなかに「有所得の心をもって仏法を修すべからざる事」として次のようにいわれます。

夫れ、仏法修行は、尚、自身の為にせず、いわんや名聞利養の為に之を修せんや。但、仏法の為に之を修すべきなり。諸仏の慈悲衆生を哀愍《あいみん》するは、自身の為にせず、他人の為にせず、唯、仏法の常なり。見ずや、小虫畜類の其の子を養育するに、身心艱難《かんなん》し、経営苦辛して、畢竟長養するも、父母に於いて終に益無きをや。然れども子を念ふの慈悲、小物すら尚然り。自ら諸仏の衆生を念ふに似たり。諸仏の妙法は唯、慈悲一条のみにあらず、普《あまね》く諸門に現ず。其本皆然り。既に仏子たり、いづくんぞ仏風に慣わざらんや。行者、自身の為に仏法を修すと念ふべからず。名利の為に仏法を修すべからず。果報を得んが為に仏法を修すべからず。霊験を得んが為に仏法を修すべからず。但、仏法の為に仏法を修す。乃ち是れ道なり。

「空」「無自性」「不可得」がはっきり見えたときに「無所得」という態度がしっかりし、「我執」から解放されるということです。「四聖諦」「十二因縁」のところでもお話ししますが、「我執」が一切の苦の原因だというのが釈尊の教えです。

「度一切苦厄」の「度」というのは、こちらの岸から向こうの岸へわたるという意味です。「渡」と同じ意味です。すべては空であると照見することによって、苦厄をわたられた、自分もわたったし、人もわたされたということです。

そのわたされた「苦厄」というのが何なのかを考えないといけないと思います。仏教で「苦」という場合は、思い通りにならないということです。これは「四聖諦」のなかの「苦諦」で、またお話しします。

普通の日本語になっていますが、仏教では、この世界のことを「娑婆」といいます。刑務所にいる人たちや、永平寺みたいな僧堂にいるお坊さんたちは、普通の社会のことを「シャバ」と呼びます。自分たちは特別な場所にいると思っているんですね。しかし、仏教の本来の意味からいうと、この世界全体のことを娑婆世界といいます。この娑婆というのは、サンスクリットのsahāという言語の音を写したものです。意味で訳したら「忍土」です。忍耐が必要な世界ということです。

われわれの願いというのは、たいがい、豊かで健康で長生きしたいということに尽きてしまう。ところが現実はその願い通りにはいかない。われわれが願うことは、すべての人にとっていちばんいいようにというのではなく、とにかく、自分が悩んだり苦しんだりしなくても生きられるように万事都合よく運んでほしいというのが、ほとんどなんですね。ところがそうは問屋がおろさないから苦しいわけですね。仏教でいう苦しみは、自分以外のものはもちろん、自分の身体や心でさえ自分の思い通りにはならないということに、尽きるのではないかと思います。

そして、ここでいう「度一切苦厄」というのは、その思い通りにならないことが、思い通りになってくれるということではなくて、思い通りにならないことを、思い通りにならないと見通し、むしろ、思い通りになってほしい、というこちらの手前勝手な欲から解放されるということです。

四、色即是空

舎利子色不異空空不異色色即是空空即是色受想行識亦復如是

舎利子色不異空空不異色色即是空空即是色

舎利子、すなわちシャーリプトラというのは、釈尊の十大弟子のなかで智慧第一とされた人です。この般若心経は、釈尊の禅定のなかで、観自在菩薩が舎利子の「どのように般若波羅蜜を修行すればよいのか」という質問に答えて話しているという筋書きになっています。

空というのは、無常無我と同じことだと前に言いました。要するに、カチッと、これはこれなんだということを主張しない。これはこれだということを守らない。これはこれだということに執着しない。だからどんどん変わる。無常です。

無我であるというのは、主観と客観とが分かれていないということです。固定した我があったとしたら、目の前のものは、絶対に私ではない。私は絶対にこのものではない。

しかし実際には、物と私の間にはっきりと越えようのない境目があるわけではない。例えば食べ物です。今朝食べたごはんとか、にんじんとか、だいこんとか、目の前の食器にあったものが、今では私の身体の一部分になっている。栄養分は吸収されて私の肉体になり、不要物は便として排出されて、私でないものになっていく。その過程にはっきり分かれ目があるかというと、そうではない。

私が食べた物は、どの時点から私なのか。口に入れた時点ですでに私なのか、胃が消化した時点で私になるのか、それとも腸で吸収して、あちらこちらに送られて、それぞれの臓器になったり、エネルギーになったりして初めて私になるのか、さっぱりわからないですね

もっといえば、この身体全体がはたして私なのかどうか。しかし、身体以外に私とい

えるものがあるのかどうか。

物質的、精神的な無数の要素が滔々と流れており、それらがひととき「私」という個性のある「身心」を形づくり、すぐにまたどこへともなく流れていく。私の生命というのは、滝のようなものでしょう。川を流れていた水が、急な落差のあるところで滝になる。そして、底まで落ちてしまうと、また川になる。どこまで川で、どこから滝で、またどこから川になってゆくのか……。

身体の内部でいえば、食道と胃がつながり、胃は腸とつながっているわけですが、どこまでが食道で、どこからが胃なのか、どこから腸になるのか、この境目はそんなにはっきりしていないのだと思います。

私というのは、身体だけみても、さまざまな物質の運動としてあるわけで、私という固定した存在としてあるわけではない。「もの」としてあるのでなくて「できごと」なのです。

だから「空」には、移り変わって常に変化しているという面と、そして、自他がはっきり分かれていない、二つでないという、両面があります。しかし、それは、われわれの身体は常識的な意味でまったく存在していない、ということではありません。空、無常、無我という在り方で存在しているということです。色は空としてしかありえないということです。それが「色不異空」「色即是空」です。

そして「空不異色」「空即是色」というのは、空なるもの、固定した存在としてはないものが、今、ここ、因縁和合の姿で、私なら私の身体として法位に住している、ということです。空であるから生命として存在可能なんだ、生まれた赤ん坊が成長し、だんだん大きくなり、やがて老いて、しぼんで、死んでゆくことが可能だということです。

空でなくて、常一主宰の我がガッチリとあったのでは、成長も変化も、老衰も、消滅もありえないでしょう。だから、色即是空、空即是色というのは、色である存在は存在ではない。そして、存在でないから、存在しうるということです。

ややこしい言い方ですけど、生命というのは、そういう不思議な、頭で考えたらわからないような、おかしな在り方をしているというので「法華経」では「妙法」という。奇妙の妙です。妙な在り方をしているのが、われわれの生命だということです。

存在するものは空です。空というのは、存在しないということです。存在するものは存在しないということになる。

存在が存在しないということ。存在は存在ではない。存在でないものが存在なんだ。色不異空、空不異色。

こんなことをいってると頭がおかしいみたいですけれども、要するにわれわれがふつう存在していると考えているものは、概念でしかないということです。もっといえば、名前です。これは何かと言えばペンだと答える。どういうペンだというと、赤いペンだと答える。そういう「赤いペン」。われわれが存在と言っているものは名前でしか呼べない。そういう赤いペンは存在ではないということ。

このものは、永遠に「赤いペン」であるのではない。書けなくなったら、これはゴミになってしまう。ペンとして機能しなくなったら、このものはペンではなくなる。ですから「赤いペン」というのは、ごく短い期間のこれの状態とその機能につけた名前なんですね。本当のこれ自身というのは、そういう名前では呼べない。だから厳密にいえば、「赤いペン」という「もの」は存在しない。

しかし、常識のレベルで「これは一見あるように見えるけれども、本当は幻か目の錯覚で、ないと思えばない」ということではありません。ただもっと、本当に、われわれが目に見える通りのものが存在しているか、もっと厳密に、はっきり認識するために、よく考えてみるとどうもそうではない、ということです。

今、この赤いペンを例にして話していますけれども、本当は自分の話なんです。奥村正博というこの身心の在りようの話なんです。

このペンがあろうとなかろうと、たいした問題ではないかもしれない。しかし問題は、この「赤いペン」ではなしに、こちら側の、この身心なのです。これがどう生きていけばいいのかを、ほんとうに深いところから考えようと思えば、この身心が生命としてどういう在り方をしているのか、厳密に深く理解できてなければ、話が宙に浮いてしまうわけです。

日常生活のレベルで解決できる範囲の問題ならばいいですけど、生きるとか死ぬとかということになると、どうしていいかわからなくなってしまう。いつとはわからないけれど、いずれ死んでいかなければならない――それを前提として、それまでの時間、自分はどういう生き方をすべきかと考えると、世間の常識は何の助けにもなってくれない。自分一人で、自分の生死と面と向かわなければならない。

そして、日常生活や社会生活の態度も、そういうことから決定していかなければならないわけです。私はナントカ宗教のお坊さんで、どういう寺に住んで毎日どういう仕事をしていたら世間から見放されずに、まあまあ尊敬されながら毎日をすごせるか、という、その範囲の問題だったら、別にこんなこと考える必要はないわけです。存在が非存在だというようなばかばかしいことを。しかし自分の生死に直面したときには、自分はお寺のお坊さんで、こういう善いことをしてきましたとか、こういう肩書きをもっていますとかいうことは通用しない。本当に、掛け値なしに、素っ裸の自分が直面しなければならないことなのです。

他の人々との関係で、こういういいことをしてきました、これこれの失敗をしてきましたということは、私の履歴書の内容としてはあるわけですけれども、生死に向かうときには、履歴書は何の効力ももたないですね。そういう誇りも呵責ももったこの自分が、まるごと消滅してしまうのですから。

その、今はこのように生きているが、いずれ煙のようにはかなく消えていかなければならない、その自分のぎりぎり、真実の生きる態度が問題になるんですから。

世間的な常識のレベルでは「赤いペン」を「赤いペン」と言うのが正しく、「黒いペン」と言えばまちがいです。そのレベルでの正しさだけが問題ならばそれで済みます。

しかし、そうではなしに、人間として生きていること自体の不安や苦しみからどうすれば解脱できるのか、ということになると、私が日本人の男性で、奥村何々という名前で、職業は僧侶で、どこそこのお寺に住んで、というようなデータをいくら並べても、それがまちがいではないとしても、何の役にも立たないですね。仏教が問題としているのは、まさにそういう深いレベルでの人間の在り方なのです。

だから、生きているとはどういうことなのか、死んでゆくとはどういうことなのか、存在しているとはどういうことで、存在しなくなるとはどういうことなのか、われわれの生の根底が問われてきます。それをはっきりと見すえないと答えの出しようがない。それをやろうとされたのが釈尊だったし、仏教の歴史のなかのさまざまな祖師方だったのです。

それで、その生命としての存在を見つめていくと、どうも本当に「ある」のかどうか疑わしいというところまで行くわけです。「ある」とはどういうことなのか、「物」は本当にわれわれが「ある」と常識的に考えているような在り方であるのだろうか、ということを問わざるをえなくなります。

例えば、物理学で、目に見える物を分析していくと、分子とか原子にたどりつく。昔はそれが存在するものの最小単位で、それ以上小さな単位に分割することはできないとされていた。ところが現在の科学では、電子や陽子や中性子、そして素粒子は本当に存在するのかどうかわからないという。現れたり、消えたりをくり返しているのだそうですね。般若心経でいう「空」というのは、いわば、そのレベルでの話ですね。

物理学は、物理学者だけの問題で、われわれがそんな知識をもっていなくても生きていくのに支障はないんですけど、われわれ一人一人例外なしに、仏教の「空」が問題としている生命の在り方を生きている。世間の常識では片づかない、切実な問題をかかえながら生きているのです。

「色即是空」とは、存在するものは実体がないということ、「空即是色」とは実体がないものが存在するということです。「色不異空、空不異色」と同じことが、念を押すようにくり返されています。「色即是空、色不異空」と「空即是色、空不異色」の両面がいわれている。どちらか片方では駄目だということです。

色を否定して単に空だというと、この世は夢まぼろしで、何の意味もない、いわゆる、虚無主義になってしまう。日本の文学でいう「無常観」がそうですね。どんなに栄えたものも、時期が来れば衰えて消えていってしまうという……「平家物語」や「方丈記」などで私たちには親しい感情です。それも、無常の一つの側面であることは確かですが、しかし、生まれた赤ん坊が成長してゆくのも、新しい物が盛んになってゆくのも無常の姿なのです。

ですから、存在するものが空であり、無常無我であるという面と、空であり無常無我であるものが、しかし、今ここ法位に住する在り方として、机なら机として、本なら本としての機能をもって存在しているという面と、両面をはっきり見ないと般若にならない。

そうでないと、今ここ、われわれが生かされて生きていることの有難さ、貴重さに対する感謝が出てこない。われわれの経験によって、一面的、感情的にしか世界が見られなくなってしまう。暗い面だけみて虚しい、無意味だと思ってしまうか、あるいは明るい面だけみて世間は素晴らしいと思ってしまう。悲観的になるか、楽観的になるかどちらかにかたまってしまう。

龍樹尊者が書いた「中論」に、「縁起であるところのものを、すべてわれわれは空と説く。それは仮名である。それはまさしく中道である」という言葉があります。色は実体としてあるのではないから、仮の名前にすぎない、その在り方が縁起であって空ということである、そして、それが釈尊の説かれた中道だということです。「般若心経」が説いているのもまさしく同じことなのです。

悲観的でも、楽観的でもなく、どちらにもかたよらない、われわれの生命の在り方を深く見極めることが般若です。

受想行識亦復如是

色と空との間でいわれた同じことが、五蘊の他の四つ、受・想・行・識と空との間でも成り立つということです。色（物質あるいはわれわれの身体）だけでなく、感覚作用、心理作用、認識作用も、みんな空なのだという。空だから意味がない、つまらない、あてにならないというのもまちがいですが、われわれが感じたり、考えたりすることが絶対だと思うのもまちがいです。われわれが感覚や知覚を通じて受け取っていると思っているのと完全に対応することが、われわれの外で本当に起こっているのかどうか、われわれは確かめようがない。

今読んでいるこれを私は「本」だと思いますけど、例えば、紙を食べる紙魚《しみ》という虫たちにとっては、食料の宝庫なわけです。私はこの本に興味があるから、私にとってはとても大切な本ですけれども、仏教に関心のない人々にはまったく価値はない。チリ紙交換に出せば、この本に書かれてあることによって価値を計るのではなく、重さで計る。

人によって見方がまったく違うわけです。感じ方もイメージのつくり方も、そして、それを好ましいと思うか思わないか、価値あると思うかどうか、そして、それに基づいてどう認識するか、一人一人別々です。ですから、自分がそう思っている通りのものが、この外側に本当にあるかどうか、確実にはわからない。

例えば、われわれの目は、ある範囲内の波長の、いわゆる可視光線にしか反応しない。赤外線や紫外線を見ることはできない。われわれの耳も、一定の周波数の音しか聞きわけられない。犬や野性の獣はもっと周期の短い音や、かすかな音も聞きわけられる。われわれが静かだと思っている場所が、彼らにはうるさくてしょうがないかもしれない。

あるいは、人間の可視光線の範囲外の光が見られる動物だっていないとは限らない。人間には、赤外線と紫外線の間の色しか見えない。しかし、もし、ちょっと波長の違う光を感じられる目があれば、この世界はまったく違ったものに見えると思います。

われわれは、虹は七色といいますが、本当に七つの色が向こうに、われわれの視覚能力と関係なくあるのかどうかわからない。本当にわれわれが見ている通りのものが、外界にあるのかどうかわからない。

わからないけれども、しかし、今の法位として私にはそう見える。そうしか見えない、ということは確かなわけです。私にはそう見えるのは確かだが、本当にそうかわからない。本当にそうかわからないけれども、私にはそうしか見えない。

これが、自己と万法との出会い方です。

だから、今の自分が見たり感じたりしていることが、無意味とか、無価値とかいうのではないですが、ただ、もっと確かなものの見方、感じ方があるのではないかという可能性をもっていなければならない。もっとまともな、深い、あるいは広いものの見方があるのではないか、と、どこかで自分のものの見方、考え方にクエスチョンマークをもっていることが、大切なのだと思います。

われわれが、自分の外にあると思っているものも、自分自身の身体も、そして心も、すべてが空であって、つかまえようがない。だから、つかまない。あるいは、つかんだものを手放しにしていく。

これが般若の智慧です。

五、是諸法空相

舎利子是諸法空相不生不滅不垢不浄不増不減

この諸法、すべての存在するものは、空という相――すがた、在り方をしている、ということが今までにいわれたことです。

空の相をもう少し詳しくいうと、不生不滅《ふしょうふめつ》、不垢《ふく》不浄《ふじょう》、不増《ふぞう》不減《ふげん》――生ぜず、滅せず、垢つかず、浄からず、増さず、減らずだとここでいわれます。

不生不滅、生まれもしなければ死にもしない、というのはどういうことか。

人間は生まれたときにすでに死ぬことが確実に予定されています。生まれたものは必ず死ぬ。それが諸行無常です。一切のものは移り変わり、生じ滅する。変化しない、永遠不変の我とか霊魂などというものはない。これが基本的な仏教の考え方です。ちょっと「不生不滅」と矛盾しているみたいです。しかしこれは矛盾ではなくて、「無常」を徹底すると「不生不滅」になるんだと思います。

諸行無常も一つの言葉の表現です。言葉を使った判断の表現である限り、「無常」とか「移り変わる」というためには、「有常」「移り変わらないもの」とかの、概念を反対側においておかねばならない。「有常」という言葉の否定としてしか「無常」とはいえない。何か移り変わらないものを、比較の対象としておいておかないと「移り変わる」ともいえない。

例えば、「この何年かの間に私は変わった」というときには、それ以前の私と比較し、変わった部分と変わらない部分を対照して、この点で私は変わった、しかし変わらない部分もある、というのでなければ、「変化」したともいえない。もしも、私の全体がまるごと変わったとしたら、比較のしようがないから「変わった」ともいえない。「変わらない何か」を措定しなければ「変化」という言葉さえ出てこない。しかし、現実には私は丸ごと変わっている。私の細胞だって刻刻変化している。身体も心もどんどん、まったなしで変わっている。

結局、変わらないものというのは、われわれがアタマで概念として握りこんでいるものの以外にはありえない。生命はまるごと、刻刻、新しい。本当に無常、無我ならば、無常、無我だともいえない。

「京都の街が変わった」という場合には、比叡山の山の形は変わらない、山の緑の色は変わらない、しかし田んぼが年々建物に侵食されて少なくなってくる――そういう風景の変化を、変わらない山の色、あるいは何十年か前に撮影された写真と比較して、変わったという。

何か動かない原点がなければ、位置も、位置の変化もつかみようがない。われわれがものごとを認識する場合には、アタマのなかで、数学で習ったような原点と座標軸をこしらえている。原点と座標軸は動かないと仮定して、位置と位置の変化を測定する。原点も座標軸もない場合には、あるいは原点や座標軸も動いている場合には、どこにあるともどれだけ動いたともいえない。

私が何かを観察して、「あれは動いている」というときには、自分は動いていないと仮定している。私自身も動いている場合は、その物が動いているのかどうかも正確には言えない。私がじっとしているから、この物が遠ざかっていると言えるのであって、私も動いているときは、この物がじっとしていて、私が動いているのか、両方とも動いているのか、判断のしようがない。両方とも同じスピードで動いているから、この物が動いてないように見えるだけかもしれない。

地球は太陽のまわりを公転し、一日二十四時間で自転しているから、私も、この物も、両方とも動きづめに動いている。しかし、地球上の私とこの物の間隔は変わらないから、両方とも動いていないと思っている。宇宙全体が、原点も座標軸もなしに、動きに動いているとしたら、本当に動いているのかどうかもわからない。

まったく無常無我であるという観点からみたら、何かが生じ、何かが滅しているともいえない。われわれの認識の仕方では、変わらない「何か」が生じたり、滅したりしているとしか言えないわけです。

「私は変わった」という場合「私のなかの何か」が変わったのであって「私」自身が変わっているのだったら、変わる前の「私」と比較のしようがない。例えば、人間の細胞も物質なので、われわれの身体の一部になる前は何か別の物だった。それが存在しなかったとはいえない。私という一つの生命体の一部分としては存在しなかったというだけです。

個体生命は、渦みたいなものです。渦といっても、そういう確固としたものが存在するわけではなく、水と空気やゴミや、その他のある特別な関係状態にすぎない。しかし、われわれは渦を一つ二つと数える。独立した個体であるように。そして、渦は生まれたり消えたりしていると考える。水が流れていて、ある時点で何かの拍子に渦をつくり、そしてまた、下流に動いていく。水は一瞬もとどまらず動いているように見えるけれども、渦はそこに、しばらくは止まっているように見える。水底の状態が変わると、渦を巻かなくなる。そのときに、われわれは渦が消滅したという。渦というものが生じたり、滅したりしているように見える。われわれの個体生命の生死も同じようなものです。

龍樹尊者の「中論」という本にはおもしろい議論がいくつもあります。

例えば、「生まれる」という場合、何かが何かから生まれるわけです。母親から赤ん坊が生まれるように。しかしその生まれた何かが、その母体とまったく同じものならば、生まれたともいえない。それがそれであり続けているだけですから。

では、生まれた何かと、その母体とがまったく別のものである場合、このときもまた、生まれたとはいえない。何かからまったく別のものが生じることが可能ならば、普通の石ころからダイヤモンドが生まれることもありえるはずだし、ブタの母親から、人間の子供が生まれることも可能なはずですから。

あるものからそれと同じものが生まれるというのもおかしいし、あるものから、それとまったく違うものが生まれるというのもおかしい。だから「生まれる」ということはないんだというようなことを言っています。

親と子、原因と結果とは同じとも違うともいえない。不《ふ》一《いつ》不《ふ》異《い》だといいます。不一不異だとしたら、生じたともいえない。不生不滅です。それまで無かったものが生まれて存在するようになったともいえない。

「不垢不浄」というのは、何物も、きれいな物とか汚いいやらしい物とか、固定概念で決められないということです。そのような判断をしているときには、自分を自分の外にあるその物と向き合わせた上で、自分にとってどういう存在か見分け、見やすい物か見にくい物かと計る。自分がものさしになっている。そこから、きれいとか汚いとか、価値があるとかないとか、意味があるとかないとかという言葉が出てくる。それはあくまでも、私、あるいは、われわれにとって、そうであるとしかいえない。その物自体は、きれいでもないし、汚くもない。何ともない。

私は、ここの庭のもみじがきれいだなと思います。しかし、この庭を掃除しなければならない人にとっては、きれいどころの騒ぎでないかもしれない。ましてや、もみじ自身は自分たちがきれいだとは思っていない。

良寛さんが、死ぬ直前に「裏をみせ　表をみせて　散るもみじ」と言われたといいますが、もみじ自身が、裏の汚いところも見せてやろうと思っているわけはない。ただ何ともなく、無心に散っているだけです。それを人間が見て、色づけばきれいだと思い、散って庭におちたのを、掃除しないでほったらかしておくと、見苦しいと思う。きれい・汚いは、人間の心のなかにあって、もの自身にはない。

「不増不減」も同じことです。これらの判断はいつも「対」になっています。生滅、垢浄、増減、善悪、正邪、憎愛、等等。対になっているものは、その対の両方がなければ成立しない。本当にきれいなものとか、正しいものしかなかったら、汚い、悪いという言葉も、きれい、正しいという言葉も使いようがない。

「相対的」というのはそういうことです。相対的なものの見方をしているときには、常にものごとを二つに分けている。分別するわけです。空であれば、実体がなくて、常にすべてが移り変わっている。われわれの身体だけでなく宇宙全体が素粒子の段階から固定されることなく、動き通しに動いている。

われわれの言葉は、あるいは言葉を使った分別は、その実体なく運動してやまないものに名前をつけることによって、ピンで突き刺すように固定する。例えば、もみじが青い若葉から少しずつ色が変わっていって紅葉して、そのうちしぼんで枯れて、散ってゆく、そのような生命の流れのなかの最高に美しいところを写真に撮って、いつまでも保存できるようにする。

われわれはアタマで、言葉を使って、そういう作業をしている。何回も、同じ美しい紅葉を取り出して見ることができる。しかし実際には、その美しく紅葉したもみじは、一回きりのものです。そのときだけのものです。

「美しさ」とか「やさしさ」と名詞でいうと変わらないもののようですが、「美しい紅葉」「やさしい行動」というのは、そのとき、一回限りです。しかし、それを言葉で表現し、文章に書いて、本にして残すことによって、そういった美しさややさしさを、昆虫をピンでとめて標本にするように、保存しようとする。

しかし、実際のところは、いったん保存されたものは、そのときになされた行動、それから受けた感動とはあんまり関係がない。もうそれは過去へと過ぎ去ったものでしかない。本当の生きている実物は、何ともいえないもの、名前がつく以前です。本当に人の「やさしさ」に感動したときには「やさしい」という言葉も出ない。しかし、ああ、そうだ、というようなうなずきはある。それこそ全身心で受け取る感動がないとはいえない。そのような一回きりのできごとに出会って、生命の底から自分が変えられてしまうようなこともありうる。

「怒り」でも「恐怖」でも「喜び」でも「悲しさ」でも、言葉にしてしまったときには、その生命の底からの感動は、すでに、過ぎ去っている。現像し、焼きつけた写真になってしまっている。

もちろん「写真」が人を感動させることはあるし、写真家や芸術家は、それをねらっているのですが、それと実物とはちがう。写真も実物の一部ですが、写真に写っている被写体は実物それ自体ではない。

だから「生まれた」とか「死んだ」とか、「きれい」とか「汚い」とか、「増えた」とか「減った」とか、そういう言葉を使って分別しているのは、今、ここだけでしかない実物を固定して保存しようというわれわれのアタマの働きなんです。別に、分別が悪いわけではないけれど、われわれはその分別されたものが事実であると思いあやまる。事実よりも分別のほうを大切にするようになってしまう。

われわれが自分で、日常生活で経験していることよりも、例えば、テレビを通して見るオリンピックだとか戦争のほうが意味がある現実だと思ってしまう。自分が身近に感じている喜びとか、悲しさよりも、報道されていることのほうが確かな現実だと思ってしまう。そんな完全に倒錯した物の見方、感じ方を、現代人は知らず知らずのうちにしてしまっている。本当の空なる事実というのは、今ここで、この身と心で体験しているということしかない。

もちろん、今、ここで体験していることのなかに、テレビを見ていることも、本を読んでいることも、頭で考えていることも入っているわけですけれども、われわれの生命にそれらが入っているのであって、テレビに映っていることとか、本に書かれていることのなかにわれわれの生命が入っているのではない。この倒錯というのが、現代人にとって、根本的に重要な問題だと思います。

生命そのものと、それを言葉や映像で記録したものとの違いがわからない。むしろ、記録されて、テレビや新聞で報道されている事件のほうが、自分が現実に出会い、感じたり、考えたりしていることよりも重大だと思ってしまう。毎朝毎晩テレビを見ていないと、世界の現実から取り残されてしまうような錯覚を現代人はもっている。マスメディアで取りあげられるようなことをするのがたいしたことだと、勘違いしている。

外国人と一緒に坐禅しているというので、テレビや新聞に出たことが何回かありますが、そのときわかったことは、報道をつくる記者やリポーターの人たちは、仏教や坐禅のことをほとんど知らないし、取材前にたいして勉強もしていないということでした。だから番組や記事を読むと、おかしなことがいくらでもある。しかし、番組を見る人たちや記事を読む人たちは、それよりももっと知らないので、それがそのまま通ってしまうようなところがある。坐禅の報道なんて、社会的にはたいしたことではないんでしょうが、もっと重大な事件に関しても、似たようなことがあるんだと思います。それにふりまわされているのはちょっとばかげている。マスメディアで報道されているようなことが、意味のある大切なことで、そうでないことはつまらないことのように思っている。本当は逆ですよね。

自分の生活を意味あらしめるために、テレビを見たり、新聞や本を読んだりするべきなのです。その倒錯がわからなくなってしまっている。そういうところから、われわれの生き方がすごくゆがんだものになってきていると思います。

　そのゆがみをもとに戻すために、われわれがアタマのなかに仕込んだり、言葉や映像を通じて取りこんだもの、それらをもとに既成概念化されたものが実物ではないのだということを、本当に毎日毎日見直していかないと、どうしても自分を見失ってしまう。自分が社会という機械の一部で、与えられた仕事をこなしていることだけが、存在価値だと思いこんでしまう。本当はそうではなくて、自分の生命を生きていくなかに、他の人々や社会との出会いがあり、それを通じて、自己の生活を豊かなものにしていくのが、社会生活の意味だと思います。

　社会のなかには、すでにランクづけみたいなものがあって、その上のほうにいくことが人生の目的だと思いこまされている。しかし、そんな社会階級はアタマで考えた約束ごとにすぎない。本当にわれわれが大切にすべき実物は、それこそ価値があるわけでもない、ないわけでもない。むしろ価値そのものがそこから生み出されてくる、ただ、ここに、このようにある生命です。われわれの生命の内容として、社会があり、自分より偉く見える人がいたり、同じ程度の人がいたり、世話をしてあげなければならない人もいたりするんです。

われわれは社会の確立されたシステムのなかの一部であるし、あらねばならないという盲信みたいなものを、アタマのなかでこしらえてしまって、がんじがらめになって、それで一番大切な自分の生命を見失っているというところがあると思うんです。

そういう固定観念を見直し、見直し、自由になっていくのが、空をみる、般若の智慧だと思います。生滅、垢浄、増減、等等の相対概念で計られた価値体系の呪縛から解放されるということです。それが般若心経の主題であるし、仏教の根本的な教えです。

六、十二処、十八界

是故空中無色無受想行識無眼耳鼻舌身意無色声香味触法無眼界乃至無意識界

「是故空中無色、無受想行識」は、五蘊のことをくり返しているわけですから、説明しなくてもわかると思います。

その次に説かれているのは、仏教用語でいうと、「十二処」「十八界」が無だということです。十二処、十八界というのは、五蘊と同じく、存在のあらゆる要素ということですが、われわれの認識の在りようとして、よりくわしく分類されています。

十二処というのは、「六根《ろっこん》」と「六境《ろっきょう》」です。

六根は、眼、耳、鼻、舌、身、意。六内処《ろくないしょ》ともいいますが、われわれの感覚器官です。眼耳鼻舌の四つは明らかですが、身というのは全身の皮膚感覚です。意は心理機能です。だからこれは、認識における自分の内にある主観の面です。

六根に対応して、六外《ろくげ》処《しょ》、または六境があります。色声《しきしょう》香味《こうみ》触法《そくほう》です。眼で色や形を見る。耳で音声を聞く。鼻で香りをかぐ。舌で食物などの味を味わう。全身の皮膚で感触をもつ。この場合の「法」というのは、心、あるいは意識の対象としての言葉や概念ということです。

これらの六内処と六外処、われわれの感覚器官と、そのそれぞれの対象をまとめて、十二処といいます。

十八界という場合の「界」は、要素という意味です。六根と六境が出会うときにそれぞれの認識が生まれる。例えば、眼と色が接触したときに眼識が生ずるというのです。また、音波が耳のなかに入ったときに耳識が生じる。以下同じことです。

要するに、自己と万法、主観と客観が出会うときに、さまざまな識が出てくるということです。これがわれわれの認識や人格の内容を形づくっていく。われわれの生命の内容を観察するとこういう構造になっている。

五蘊も、十二処、十八界も、原始仏教からいわれています。無常、無我を説明するために、われわれの生命の構造をこういうさまざまな要素の融合集散として分析していったわけです。

阿含経などでは、これ以上詳しい分析はされていないようです。ところが部派仏教の時代になると、分析が細かくなっていって、五位七十五法に分類される。七五個の要素ということです。

そして、最も有力な部派であった説一切有部《せついっさいうぶ》では、我はないけれども、要素としての法は変化しないで存在する、という考え方を出してくる。仏教用語では「我空法有」といいます。あるいは「析空観《しゃっくうかん》」といいます。七十五法という要素に分析していって、これらの要素の集まりにすぎないから、我は空だというわけです。

例えば、自動車は何千もの部品が集まったものにすぎないから、自動車というものは存在しない。しかし、個々の部品は実在として存在するということです。「法体恒有《ほったいごうう》」といいます。

般若経をはじめとする大乗仏教が批判するのは、こういう部派仏教の哲学です。そして「我法二空」ということをいいます。我も、要素である法もまた空だということです。

大乗の空を、析空観に対して「体空観《たいくうかん》」といいます。分析していって空というのではなくて、そのままで空だということです。

部派仏教の考え方は、少し以前までの原子説に似ていると思います。アトムというのはギリシャ語で、もうこれ以上分割できないものという意味だそうです。英語で個人というのは、インディビデュアルといいますが、これも同じ意味です。それ以上分割できないということです。事物を要素に分析し、分けていって、もうこれ以上は分けられない究極の要素が原子（アトム）なんです。それら、何種類かの原子がさまざまに組み合わさって、分子ができ、有機物ができ、細胞ができ、さまざまな器官ができ、そしてわれわれの身体ができている――そう考えられていた。その原子にあたるものが、この場合は「法」なんです。

ところが、般若心経は、五蘊、十二処、十八界に全部「無」をつけている。これは、「法」（自動車の部品）も実体としてあるのではないということです。

現在の科学では、誰でも知っているように、原子だって分割することができる。陽子や電子や中性子や、そして素粒子だとか、クォークだとか。そしてそれらは、休むことなく、現れたり、消えたりしているといいます。原子の内部はほとんどが何もない空間だそうです。とすれば、われわれがぎっしりつまっていると思っている物質だって、本当は、ほとんどが空洞ですね。

ですから、般若心経は、五蘊、十二処、十八界の上にすべて無をつけることによって、釈尊の説かれた、無常、無我ということを、より徹底させたわけです。要素が実体だとすれば、要素の集まりだって、実体といえばいえるわけですから。

仏教の場合、それは、ただ哲学的、科学的な理論とはちがい、どちらが正しいかというだけでなくて、苦しみからの解脱が可能か、どうかという問題にかかわってくるのです。

縁起しているものは、無常、無我であり、だから苦しみだといわれます。縁起というのは、さまざまな要素の、そのときそのときの原因と助縁の集まりによって、ものごとは起こっているという意味です。だから、五蘊は苦しみです。

仏教では苦しみを四苦八苦といいますが、その八苦のなかの最後のものは、「五《ご》蘊盛《うんじょ》苦《う く》」といいます。仏教で苦しみというのは、ただ苦痛というのでなく、思い通りにならないということです。だから五蘊が実体としてあるとすれば、われわれは永遠に苦しみから解脱できないということになってしまう。

般若心経のはじめに「観自在菩薩、照見五蘊皆空、度一切苦厄」とありましたが、これはそのことです。五蘊が空であるからして、一切の苦厄からの解脱が可能なわけです。ただし、般若心経が「無眼耳鼻舌身意、無色声香味触法」といっているからといって、それらのものが、まったくない、あるように見えているけれども本当はないのだ、と主張しているのではないと私は思います。

五蘊について「色不異空、空不異色、色即是空、空即是色、受想行識、亦復如是」といわれたことを、ここにもあてはめるべきだと思います。「眼即是空、空即是眼、云々」と理解すべきでしょう。一方的にそんなものは無いといっているのではなく、われわれが常識として、有ると思っているから、その常識的な考えを否定するために「無」をつけているのであって、仏教はいつも、非有非無（有に非ず、無に非ず）といいます。有見も無見もかたよった考えで、非有非無と見るのが中道です。

空は非有非無ということです。もっといえば「空」という見もそれにとらわれてしまってはまちがいなので、空も空なりといわれます。

仏教は、本当は「有」とか「無」とかという理論をいっているのではなく、有見、無見などの「見」を否定しているのです。「滅見」、見を滅する、といいます。

内山老師は、坐禅について、アタマの手放しといわれますが、これも「滅見」と同じ意味です。自分のこしらえた既成概念によるものの見方をいつも手放し、手放し、自由になっていく、ということです。それは何も見なくなるとか、考えなくなるとかいうのではなく、我執、我見から離れて、もっと自由に、もっと広く、そして柔軟に、新鮮な目で見ていくということです。

われわれのアタマの分別からいえば、有でなければ無、無でなければ有、どちらかでなかったら困ってしまいます。始末のしようがない。どうしていいかわからない。しかし、空という実物からいえば、人間のアタマがどうしていいかわからなくて、立往生しているほうがまともなんだということです。凡夫が凡夫の考えに自信をもっていることのほうが問題です。実物は、有るともいえない、無いともいえない。有るといってしまえばまちがいだし、無いといってしまってもまちがい。そういう在り方をしている。「有る」ということをアタマから信じていると、ポコッと消えてしまうことがある。財産だとか、家族とか友人とか、会社とか、国にしたっていつまでもあると思ってあてにしていると、突然すーっとなくなってしまうことだってある。あれほど強大そうに見えていたソ連という国が、あっという間に世界地図からなくなってしまった。かといって、まったく無いかというとそうでもない。それこそ、いやなものほど、目の前に大きく現れて、城のように、絶対、不動みたいにみえる。

われわれの生命というのは、そういう、空——非有非無という在り方をしている。空とは分別の否定です。有という分別も超え、無という分別も超えたものとしてある。こちらの態度としては、だから有とも無とも決めてかからない。いつもアタマを手放しにしている。これは有とか無とかだけでなく、いかなる肯定的、楽観的考えにも、否定的、悲観的考えにもとらわれないで、ものごとをできるだけ、そのまま、ありのまま、見ていこうという姿勢です。それが「観自在」です。

般若心経は、ですから、科学的に、この眼耳鼻舌身意が有るとか無いとかの議論をしているのではない。そういう義論もおもしろいし、素粒子とかそういう次元までいけば、有るか無いか、はっきりしないんだと思います。

そして、こういう仏教の考え方と、最近のニューサイエンスといわれる科学の考え方が似ているもので、仏教が見直されているようなところがある。しかし、科学者が同じような考え方をするようになってきたから仏教の価値が上がるというのはおかしい。仏教は二千年も前からそういう考え方をしていたんですけれども、しかし、仏教から現代科学は出てこなかったわけですから、別にほめられた話ではない。科学というのは、いつまでたっても仮説なわけで、最終的にこれが正しいということはない。時代が変わればまた別の考え方が出てくる。

この十八界というのを実体としてとらえると、むしろ現代的なものの見方に似ている。主観があって、その外側に客観があって、主観と客観との出会いによって認識が生まれてくる——西洋的、論理的な思考方法ですね。自分があって、自分のまわりの人がいて、一切の存在があって、その出会うところに認識が出てくるという考え方です。

そして、そういう発想は、自分以外のものは、自分の欲望を満足させるために利用していいものだという自己中心性につながりやすい。人類が繁栄するために、物質や他の動物や植物は、有効に資源として使えばいい、殺したっていいという発想の仕方です。好きだったら取っていいし、嫌いだったら捨ててもいい。自分と他とが分かれて存在していて、その分かれたものの出会いから認識や欲望が出てくる。そして、生きる目的はその欲望を満足させること、自分の幸福の追求ということになる。主観と客観とは分かれているのだから、まわりの人や物と自分とは別々だということになる。

すなわち、他人が不幸でも自分は幸福でいられる。むしろ、競争社会では、他人の不幸の上にしか自分の幸福は獲得できない。自分の幸福にとって利用価値のないものは存在の意味がない、だから捨ててしまう。好きなものは自分の所有物として握りこんでいたい。そういう欲望充足、幸福の追求の仕方を大規模に、何百年かやっているうちに、人類が自分で自分の環境を破壊する結果になってしまった。蛸が自分の足を食っているようなものだと気がつかなかった。

自と他とが分かれる以前の生命が見失われてしまって、他をどれだけいじめて、ひどい目にあわせ、あるいは、抹消、抹殺してしまっても、自分は生き残れるし幸福で満足しうると思っていた。他を殺し続けていたら、自分も生きられなくなってくる、という自他不二の生命の地盤がまったく見えない。自分にとって利用価値があるかないかだけが問題だというような、他との出会い方しかできない。

例えば、何か商売をしている人にとっては、他の人というのは、お客であるか、お客でないか、それだけしか意味がない。それだけの出会いでいいわけです。お客さんは大切にするけれども、そうでない人は関係ないということになってしまう。人間と人間との人格的出会いができない。

般若心経が批判しているのは、そういうものの見方だと思います。現代的、論理的、分析的な、ものの見方を根底から批判し、揺るがし、乗りこえようとするものの見方が、仏教には、二千年前からあったということです。

七、十二因縁、四聖諦

無無明亦無無明尽乃至無老死亦無老死尽無苦集滅道

ここでは、十二因縁と四聖諦とが取りあげられ、そして、いちいちに「無」がつけられています。十二因縁というのは、人間の苦しみの根元を追及していき、その根本原因をなくすことによって、苦しみから解脱することができるという教えです。その項目を仏教辞典によって挙げておきます。

1　無明（無知）

2　行（潜在的形成力）

3　識（識別作用）

4　名色（名称と形態）

5　六入（眼耳鼻舌身意の感覚器官）

6　触（接触）

7　受（感受作用）

8　愛（渇愛）

9　取（執着）

10　有（生存）

11　生（誕生）

12　老死（老いて死ぬこと）

最後の11生、12老死は、生老病死という、いわゆる、四苦の病が省略されたものです。苦しみの生存の原因をたどっていくと、最終的に、無明つまり無常、無我という生命の在り方に対する無知に突き当たるということです。

「無明によって行が生じる」「行によって識が生じる」から「生によって老死が生じる」というように、原因があるからこういう結果があるというふうにみていくのを、「順観」とか「流転門」といいます。そして、「無明がなくなれば行がなくなる」「行がなくなれば識がなくなる」そして「老死がなくなる」というふうにみていくのを、「逆観」とか「還滅門」といいます。

般若心経の本文では、その最初の無明と、最後の老死だけを挙げて、あとの十項目は「乃至」という言葉のなかに省略してしまってあるわけです。

ですから、「無無明（無明は無い）」から「無老死（老死は無い）」までは順観の否定、「無無明尽（無明が尽きることも無い）」から「無老死尽（老死が尽きることもない）」までは逆観の否定ということになります。

次の「無苦集滅道」の「苦集滅道」は四聖諦（四つの聖なる真理）の苦諦、集諦、滅諦、道諦を指します。そして、それらに無をつけているのです。

この十二因縁と四諦は、釈尊の教えの根本なんです。般若心経はそれに「無」をつけて、言葉の表面上では否定している。ある意味では、釈尊の教えを否定している。仏教の自己否定です。別の言葉でいえば乗りこえている。

仏教が仏教を否定しても仏教でありうる。むしろ、仏教が本当に仏教であるためには、仏教をも否定しなければならない。釈尊の教えの十二因縁や四諦に「無」をつけて初めて、仏教が本当に釈尊の教えになるんだといいたいわけです。

私は最初、高校生のときに、般若心経の解説書を親戚のお寺から借りて読みました。橋本凝胤さんが書かれたものでした。読んでも何も理解できませんでしたが、妙にひかれるものがあって全部暗記しました。ただ口で唱えるだけでなく、字も全部覚えて、お経を見なくても、全部漢字で書けるようになりました。その頃、学校の授業に全然興味がなくて、授業中、ノートに般若心経を書いたりしていました。ある友人に、これだけ暗記できるのだったら、試験の勉強なんか何でもないだろうと言われたのを覚えています。しかし私は、誰が受験勉強なんかしてやるものかと、しょっちゅう授業をさぼっては図書館に行って、哲学書や宗教書を読みあさっていました。

般若心経を暗記しましたけれども、意味はほとんどわからなかったんです。しかし、駒沢大学に入って仏教の勉強を始めると、最初に習うのは、原始仏教で釈尊の教えでした。そして、四諦、八正道、十二因縁、また五蘊、十二処、十八界のそれぞれの項目を暗記しなければならないんです。「般若心経」はすでに覚えていたので、あらためて暗記する必要はなかったのですが、意味を理解しながら読むと、般若心経というのは驚くべきお経だということがわかったんです。

四諦や十二因縁などは、釈尊が根本的な真理として説かれたことなんです。それに無をつけて否定して、しかもなおかつ、これが釈尊の真実の教えだといっているわけですから。釈尊の言われたことを否定したかったら、仏教そのものを否定して、自分は仏教者であることをやめればいいのに、これが本当の仏教だという。なんとまぁ、ずうずうしいと思ってすごい衝撃を受けたことがありました。

あとで考えて、これは単純論理として否定しているのではなくて、超越することによって、釈尊の教えをより深めているのだということがわかりました。

釈尊が示されたことを自分の現実の生命の在り方のなかに発見し体験できた場合には、もはや、釈尊が言われたから正しいとか、お経に書いてあるから正しいというように教理を記憶して信じなければならないのではないのです。本当に、自分の生命や生活がそうなのだとうなずくことは、仏教徒であるから従う、釈尊がそう教えられたから従うというのとは違うことなのです。生命の実際の在り方を自分の眼で直接見る。それが空を見る智慧、つまり般若です。

仏教徒であることもやめたときに、本当の釈尊の弟子になれるともいえるわけです。ですから、般若は仏母《ぶつも》、仏の母と呼ばれます。

まず、釈尊が四聖諦や十二因縁でどういうことを説かれたか、そうして、般若心経では、どうしてそれに「無」をつけて否定しているのかということをお話しします。

話の順序として、四聖諦について先に話したほうがわかりやすいと思います。四聖諦については、すでに釈尊の鹿野苑における初転法輪のところで簡単に話しました。くり返しになりますが、般若心経の経文の説明として、もう一度話します。

「聖」というのは、仏教では「凡」とか「俗」に対する言葉です。凡夫に対して聖人という、世俗に対して聖域とか聖所とかという意味に使われます。

「諦」というのは、真理、真実です。今の日本語では、ギブアップするという意味で「あきらめる」という語を使いますが、仏教で「諦める」というと、はっきりと、あきらかに、智慧の眼でみて疑問をもたないという意味です。

ですから、「聖諦」というのは釈尊という聖人によって説かれた、世俗的、相対的でない、出世間的、絶対的な真理という意味です。

第一の「苦諦」というのは、迷いの生は一切が苦しみだという真理です。先に言ったように、生老病死が四苦といわれます。それに怨憎会苦、愛別離苦、求不得苦、五蘊盛苦を加えて八苦といいます。今の日本語で四苦八苦というのは、この言葉からきています。

怨憎会苦というのは、嫌いな人と会わなければいけない苦しみ。愛別離苦は、好きな愛する人と離ればなれにならなければならない苦しみ。求不得苦はほしいものが得られない苦しみ。

これらの七苦は、われわれが普通に経験する苦しみです。最後の五蘊盛苦というのは、ちょっと理解しにくいですが、要するに、五蘊で構成されているこの生命それ自体が苦しみだということです。ですからこれは、普通に経験するような、楽や幸福に対する苦しい経験というのではなく、われわれの生存そのものが苦しみだということです。この場合、苦しみというのは、自分の思い通りにコントロールできないということです。

ですから苦諦というのは、われわれの生命は因縁によって縁起しているのであって、自分のやりたい放題にはできないという真実です。

早くいえば、この世界はわれわれの欲望を満たすためにできているのではないということです。無常無我なのに、それを知らずに自分の自己中心的な欲望を満たそうとして行動する。しかし、われわれの思い通りになることは余りない。たとえ幸運に恵まれて何不自由ない生活をしていても、いつ死んでいかなければならないかわからないという、ごく当たり前の真実です。その苦諦に目覚めることが宗教生活の第一歩です。

「集諦」というのは、苦しみの原因は渇愛だという真理です。渇愛というのは、喉が渇いたときに水を求めるように、いつも何か不満足感があって、物足りたいと思う。何かがあれば満足できると思う。どうにかしたい、どうにかしないといられない。物足りないままでじっとしているわけにはいかないような衝動がなかから突き上げてきて、とりあえず何かを始める。あれが手に入れば満足が得られると思って手を出す。手に入らなければ余計に欲しいと思うし、手に入ればもっといいものが欲しくなる。われわれの生活行動の原理というのは、たいがいがこれだけのことなんですね。

自分の今の人生が苦しみだという認識、あるいは自覚がなければ、仏教はほとんど意味をもたない。今の生活が苦しい。物足りない。だから何とか満足しようと行動する。そのことによって余計に苦しくなる。人生そのものが虚しいものに思われてくる。そこで初めて、道を求める、修行をする、ということが出てくるのだと思います。

そういう人たちに、釈尊は三番目の「滅諦」を示される。物足りなさからくる煩悩、欲望を満たさなければという衝動が滅せられた、静かな落ち着いた生き方が人間には可能なのだということです。

滅というと、欲望が完全になくなって、生きているのか死んでいるのかわからない状態みたいですけれども、もともとの意味は「制する」ということだそうです。欲望や煩悩が消えてなくなってしまうのではなく、正しく規制されているということです。それが解脱であり涅槃です。

最後の「道諦」は、どうすれば滅の状態に到達できるのかという方法です。それが八正道と呼ばれる修行の道です。

八正道は、正見、正思、正語、正業、正命、正精進、正念、正定です。正しいものの見方。正しい考え方。正しい言葉使い。正しい行動。正しい生活の在り方。正しい努力。正しい心の落ち着き。念という字は「今」と「心」ですね。心が今ここにある、ということです。われわれの心は、ともすれば、あっちこっちふらふらしていますが、それを今ここにあらしめることです。最後の正定というのは、禅定つまり坐禅のことです。

この八つを実践することによって、渇愛を制御して涅槃に到ることが可能だというのが四聖諦の教えです。

不満足感から当座の生きがいとして何かせずにはいられない。それで失敗したらもっと不満足で苦しみは募る。成功してもまた、別の欲望が首をもたげてきて、次の目標を追いかけなければならない。結局、これが、われわれの苦しみの原因です。

成功すれば天にも上がる気分、失敗すれば地獄に落ちるような気分、その浮き沈みを永遠に続けなければいけない。六道輪廻とはそのことです。終点ということがなく、どこまでも何かを追いかけて走りまわらざるをえない。そういう浮いたり沈んだりの、ぐるぐる回りの人生になってしまう。

そういう六道輪廻の生き方から解脱する方法が、八正道です。無常、無我という真実をはっきりと見る。そうすると物足りようと思うこと自体が、苦しみの原因だということがわかってくる。そして、その正見に基づいて自分の生活を正していくことによって、ぐるぐる回りではない、もっと落ち着いた、地に足がついた、浮き沈みに翻弄されなくてもよい生き方ができるようになる。あれ欲しい、これ欲しいと思ったときにもう一度、無常無我から見直し、見渡してみる。欲しいからパッと手を出すのではなく、本当に必要なのかどうか、もっと弾力的に、広く考えられるような物の見方です。そうすればたいがいのものは無しでも済ませられることが見えてくる。そういう生き方が涅槃です。

釈尊が教えられたのは、生まれてから死ぬまで欲望に追いまわされて、走りまわって、そして、だからもっと苦しく、空しくなってしまうような生き方をやめて、本当のわれわれの生命の在り方に目覚めたところで、もっと落ち着いた、自由な生き方をしようということなのです。

欲望に催されて浮いたり沈んだり、結局何のために生まれ、何のために生き、何のために死んでいくのかわからないという、酔生夢死の人生から目を覚まして、生命の実際の、大地に足をつけた生き方をしようというのが、四聖諦の教えだと私は理解しています。

十二因縁が四聖諦とどういう関係にあるかといいますと、苦諦と集諦をもっと詳しく説明したものです。

11生、12老死は苦しみの生存です。その原因は四聖諦では、8の愛（渇愛）までしか挙げられていなかったのですが、それからもっと追及してゆくと、ついに無明に突き当たるということです。そして根本である無明を滅することによって、苦しみの生存から解脱ができるということです。

先ほどの説一切有部は、十二因縁を、過去世、現在世、未来世と輪廻転生の三世にわたる因果と考えたので、三世両重《さんぜりょうじゅう》の因果といわれます。

1無明と2行が、過去の因。3識から10有までは、現在の果であるとともに、未来への因。11生、12老死を未来の果。このように解釈するわけです。

1　無明は、無常無我の生命の在り方に暗い、つまり智慧がないということです。無明がもとで、我に対する執着を起こし、いろんな煩悩が派生してくるといわれます。

2　行は、潜在的形成力などと訳されます。五蘊の行と同じ言葉です。われわれをして何か行動を起こさせる力です。それが無明無智に基づいているのが、まちがいのもとです。以上の二つが過去世の因で、それを原因として現在の生ができるといわれます。

3　識。これも五蘊にあった識と同じ言葉で対象を識別することです。しかし、この場合は過去世の業による現世の受胎の一念とされます。

4　名色。名と色で、名は精神的なもの、色は物質的なもの、ようするに身体です。個人の心と身体のことです。ここでは胎児の感覚器官のまだ充分発達していない段階を指すのだそうです。

5　六入。これは十二処に出てきた六根、つまり眼耳鼻舌身意のことです。前の段階から成長して、感覚器官が機能しはじめるわけです。われわれ人間の身体と心は、過去世の無明によって動かされた行動に影響されてできているので、生まれたときからまったく自由ではないということです。

6　触は、六根とその対象である六境（色声香味触法）の接触です。生まれて感覚器官が機能をはじめるやいなや、外界からの刺激が入ってきて、いろんな情報がインプットされはじめる。

7　受。六根と六境の接触から、苦、楽、捨（不苦不楽）などの感覚が発生します。五蘊のなかの受と同じです。

8　愛。渇愛です。喉が渇いたときに水を欲しがるような、盲目的な欲望ですね。苦受を感じたときにはどうにかして逃れようとする。楽受を感じたときには、追いかけて、つかまえて、自分のものにしてしまおうとする。そういう衝動です。
9　取。われわれの渇愛や、渇愛に基づいて逃げたり追いかけたりする対象に対する執着です。好きだと思うと絶対離すまいとする。いったんいやだと思うと断固拒否してしまう。好き嫌いや、固定観念から自由になれない。
10　有は、生存状態とか生存領域と訳されます。欲界、色界、無色界のいわゆる迷いの三界に輪廻をくり返している状態です。渇愛と執着によって、われわれはいろんな行動を起こす。その行動、つまり業によって、次の生存の在り方が決定される。
ここまでが現在世の因果です。
11　生は、この場合は、生まれること。現在世につくるさまざまな善業、悪業によって未来世に生まれる。
12　老死。その結果、老病死などの苦しみから逃れることができない。これらの、過去、現在、未来の業による輪廻転生が永遠にくり返されていくわけです。
以上は、説一切有部の説く、三世両重の因果としての十二因縁の一応の説明です。こういう理論から、今、問題になっている業論が出てくるわけです。

現在のわれわれの在り方は、前世の業によってすでに決定されているのだから、どうにも仕方がないと説き、そして苦しんでいる人々にその状態に甘んじることを強制するような宿命論です。

釈尊は、「そういう宿命だから諦めろ」というようなことは、絶対に言われていない。われわれが過去、現在、未来に続く因果関係のなかにあることは当然ですが、未来の結果は現在の行動によってつくられるべきものだから、今、ここ、何をするかが問題だと言われたのです。十二因縁を順観、逆観することによって、無明から自由になる道を説かれたのです。そこをまちがってはいけないと思います。

説一切有部の胎生学的な三世両重の因果という考え方は納得できないところがありますが、十二因縁が根本的に何を言っているかというと、惑、業、苦ということなのだと思います。惑は、無明とそれから派生する我見、煩悩、執着です。それに、基づいて、行動（業）を起こす。だから結果的に苦しくなる。

この大筋だけ押さえておけばいいと思います。ですから四聖諦と趣旨は同じです。別にインド人の思考法に従って、三世の輪廻転生に当てはめなくても、全部、現在の生の在り方として解釈してもいいと思います。

以上が、四聖諦、十二因縁の大体の説明です。これを理解した上で、般若心経がどうして、十二因縁、四聖諦の上に「無」をつけているのかを考えなければならない。「無無明亦無無明尽」は、無明もなく、無明が尽きることもない、無明というものが実体としてあるわけではない、さりとて無明がなくなるということもない、ということです。「乃至」という言葉をはさんで「無老死亦無老死尽」がいわれます。老死もなく、老死が尽きることもない。その「乃至」のなかに、他の十項目が省略されているわけです。行もなく、行が尽きることもない。識もなく、識が尽きることもない、というふうに。

釈尊が四聖諦、十二因縁を説かれて、このように修行しなさいと教えられたのだから、無明や渇愛をなくし、八正道を修行して、解脱して、涅槃に入らなければと、単純に信じて努力している人にとっては、そんな馬鹿な、としか言えないと思います。しかし、般若心経をつくった大乗仏教の人たちは、釈尊の教えや、それに従って一生懸命に修行している人たちを、ただ茶化すためにこんなことを言いだしたのではない。釈尊の教えを本当に実践していこうとすればどうしても「無」をつけざるをえない、ということに突き当たったのだと思います。

いくつかその理由が考えられます。

第一は、歴史的に大乗仏教が興りはじめていた頃の出家教団の在り方に対する批判です。単純に、真剣に、無明をなくする修行をしていくためには、僧院のなかで、静かに、何十年も、釈尊の教えを学び、自分の内容を観察していかなければいけない。社会に出て働こうとすれば、どうしても反対する人もいるし、困難な局面にも出会わなければならないので、怒りや憎しみや、競争心などの煩悩がでてくる。それが輪廻の原因になる、ということになると、自分が解脱するためには、死ぬまで僧院にいて煩悩が起こらないような修行をし、煩悩まみれの社会の人々とはつきあわないようにしよう、欲望を起こさないようにしようという消極的な態度にだんだんとなってしまう。

大乗の人々からは、そういう修行をしている人たちは、自分の解脱のためだけに修行していて、本当に迷っている人々、教えや救いを求めている人たちのために何もしない、というふうに見える。それは、実際に釈尊が生きられた生き方とは根本的に違うのではないか。釈尊が教えられた理論に固執して、釈尊の本当の精神に反する結果になってしまっているのではないかという批判です。

ジャータカなどに説かれているように、釈尊は菩薩として、生まれかわり死にかわり、人々を救うために、自分の命をもかえりみないような修行をされてきた。歴史上の釈尊も、人々を教えるためにインド中を歩きまわられた。それと今の出家教団の人々とはあまりに違うのではないか、という批判です。

だから、大乗の人たちは、自分の無明をなくするためだけに僧院のなかで修行している僧侶たちの生き方を声聞乗《しょうもんじょう》と呼び、自分だけで修行して悟りをひらき他人を教えることなく死んでいく世捨て人のような生き方を独覚乗《どっかくじょう》と呼び、利己的だというので、二乗あるいは小乗と呼んだ。大乗としては、自分の煩悩をなくすよりも、一切衆生のために役に立とうとする修行のほうが大切だというわけです。

菩薩の四弘《しぐ》誓願《せいがん》では「衆生無辺誓願度《しゅじょうむへんせいがんど》」が「煩悩無尽誓願断《ぼんのうむじんせいがんだん》」よりも前に来ている。その理論的な根拠が「般若」であり「空」だったんです。

「無明もなく、無明が尽きることもない」というのは、五蘊についていわれたのと同じく、「無明は空であり、空が無明だ」ということです。最初から実体としてあるものではないし、だから無くなるということもない。無明を敵にして、それをなくするために一生を費やして「衆生無辺誓願度」の菩薩の修行を忘れてはならない、ということです。

二番目の理由は、もっと主体的に、四聖諦、十二因縁を本気で修行していくと自己矛盾に突き当たらざるをえないということだと思います。

四聖諦の「集諦」のところで、われわれはいつも何か不満足感を満たそうと行動することによって、余計に苦しくなる、そういう生き方に空しさを感じて、道を求め、修行を始める、といいました。解脱を求めて修行を始めるわけです。実際に修行を始めてみると、その、道を求める、求道心のなかに、とんでもない矛盾が入りこんでいる。渇愛や執着で生きるのは苦しい、空しい、だから、もうちょっとましな、解脱を求める生き方をしたい、という修行の最初の動機が、そもそも渇愛、我愛の変形したものにすぎないのではないかということです。お金や名誉を求めるかわりに、解脱や悟りを求めている。求めている対象は違っても、われわれの内面で起こっていることは同じなのではないか。何か、やっぱり不満足感を満たそう、金や名誉を求めていたのでは満たされないものを求めている、もっと高級かもしれないけれども、結局同じことではないのか。本気で修行していると、このことが死活的な問題になってくる。無明をなくしたいと思い、なくそうとすることが、そもそも無明なのではないかということです。

坐禅修行をしているなかで、こんな修行自体が、自分が坐っている坐蒲団を引きぬこうとしているようなものではないかと疑問になってくる。さりとて、修行をやめて、自分のやりたいことをやりたいようにやって生きることの空しさに戻るわけにはいかない。それで進退きわまってどうすることもできない。修行をやめることも、続けることもできないという状態におちいってしまう。

私にとって、そういうことがはっきりとしてきたのは、一九八一年にアメリカから日本に帰ってからでした。

私は、一九七〇年、二十二歳のときに内山老師について、出家得度しました。そのときはまだ駒沢大学に在学中でした。卒業してから、安泰寺に入り、一九七五年、老師が引退されるまで安泰寺で坐禅修行しました。それから半年間、四国の瑞応寺に安居し、その年の十二月にアメリカのマサチューセッツ州に行きました。パイオニア・バレー禅堂という名前ですが、何もない林のなかの土地を買って、家を建てることから自分たちでやったのです。私が行ったときには、何とか住めるようになった家がありましたが、二階にはまだ電気がなく、坐禅や勉強は灯油ランプの灯りでしていました。

そこに、最初の二年ほどは、ほとんど、日本人の雲水三人だけでおりました。毎月五日間の接心をしながら、木を切り根っこを掘って畑をつくったり、ショベルで井戸を掘ったり、経済的援助はどこからもなかったので、ブルーベリーを摘んだり、ジャガイモの収穫を手伝ったり、豆腐工場でアルバイトをしたりして、自分たちの修行を支えておりました。そんな生活を五年続けているうちに、首や背中や肘や膝が痛くなって、作務もできず、坐禅も苦しくなってきました。健康保険もなく、治療費もまったくありませんでしたので、やむなく日本に帰って来たわけです。それまで一生懸命坐禅修行をし、仏法のために働いていたつもりでおりました。

日本に帰ってから、それまで十年間、叢林で修行生活を続けていたのが急に一人になりました。身体は痛くて無理がきかないし、仕事もなく、坐禅する場もありませんでした。最初の半年ほどは大阪の弟のアパートに転がりこんでおりました。それから、京都市北区玄琢の、もと安泰寺があった近くの清泰庵という庵寺に留守番としておらせていただくことになりました。

清泰庵に移ってからは、毎月五日の接心だけは、トムさんや、横井さんという人と三人でしておりました。しかし、身体がいうことをきかないので、それまでのような坐禅修行はできなくなりました。また、叢林という共同生活から離れて一人で生活するのも、初めてのことでした。身体の治療をするために帰国したのですが、治療費がなく、治療費を得るために托鉢にでると、頭陀袋を首にかけるので余計に首が痛くなり、そのために身体がよくならないという悪循環があって、治療も、治療のための托鉢もやめることにしました。最少限、生活に必要なだけ托鉢に出、それ以外はなるべく何もしないで身体が許す限り、坐禅と翻訳だけに時間を使うことに決めました。その頃の生活費は、大体月に三万円。托鉢に毎月二、三日出れば一か月なんとか過ごせました。それ以外に収入があれば、全部本を買うことにしておりました。そういう生活を清泰庵にいる間、約三年続けました。

アメリカから帰ってからそういう姿勢が決まるまで、いろいろな悩みや、迷いや、とまどいがありました。そのときに考えたことの一つは、身体がいうことをきかないから、今までのような坐禅修行はできないということでした。それまでは、坐禅修行のことだけを考えてきたわけですから、これからどうして生きていくのか、考えあぐねてしまったのです。

その頃に、馬鳴《めみょう》(アシュバゴーシャ)というインドの仏教詩人が書いた、「ブッダチャリタ(仏所行讃)」という釈尊の生涯を主題とする詩の現代語訳を読んでいて、釈尊の「四門出遊」のところに「若さと健康ゆえの喬慢」という言葉があって、どきっとしました。

こんな身体では修行はできないと思っていたときにこの言葉に出会って、私のそれまでやっていた坐禅修行や、修行しているから、あるいは仏法のために働いているから、私は有意義な生き甲斐のある生き方をしていると思っていたことが、要するにただ単に若さと健康ゆえの喬慢にすぎなかったのではないか、だから若くも健康でもなくなり、今までのような修行ができないと悩んでいるのではないか、ということなんです。

とすれば、それまでの私の坐禅修行自体が、結局、普通の世間並の名利追求の生活では満足できないから、もっと程度の高い生き方をしたいという、もう一つの不満足感を充たそうとしてやっていただけなのではないか、ということに気がついたのです。

私は高校生のときに内山老師の『自己』という本を読み、それから沢木老師や道元禅師の教えに導かれて坐禅しておりましたので、坐禅修行が無所得でなければならないこと、坐禅してもなんにもならないこと、仏法が自分の物足りようの思いを満たすためのものでないことは、坐禅を始める最初からアタマでは承知しておりました。それまでもそういう態度で坐禅修行をしてきたつもりでいたのです。

しかし、そういう坐禅修行ができなくなって、虚脱感をもったり、落ちこんだり、どうしていいかわからないということは、結局、それまで若くて健康だからできていた坐禅修行によって、不満足感が解消されていただけだったのではないか、釈尊の教えや、道元禅師、沢木老師、内山老師の教えが、結局、それまでの自分にとっては、不満足感を解消するためのものでしかなかったのではないか、ということがはっきり見えてきたのです。

実は、こういうことは、アタマのなかではそれ以前にも知っていました。内山老師の『自己』に、ご自身の経験に基づいて切実な問題として書いておられるのです。坐禅修行を実際に始める前から、それを読む機会を与えられ、また何年も老師のもとで坐禅をさせていただいて、いわば「答え」は知っていたのです。しかし、私自身の「問い」が答えに届いていなかったのだと思います。まん真ん中にいながら、すれちがっていたのです。

ともあれ、若さと健康ゆえの喬慢をへし折られ、それまでの修行は本当は修行でもなんでもなかった、自己満足と、いきがりにすぎなかったことを思い知らされました。それまでと同じ態度では、もはや坐禅修行などできず、かといって、修行をやめてしまうことができない、という状態に陥ってしまったのです。客観的な状況としては、坐禅をやめる理由は揃いすぎるほどに揃っておりました。

そういう危機的な状況がしばらく続きました。今思えば、お寺や叢林でなくて、弟のアパートで、たった一人でいたことがよかったのだと思います。そうでなければ徹底的に自分を見据えることなく、適当なところで仏教的な意味づけをして通りすぎてしまったでしょう。そうして初めて、他人とはもちろん、こうありたいという自分自身とも張り合わない、ただ自分が自分に落ち着くだけの坐禅ができるようになったのだと思います。

一度自分自身がこっぱみじんに壊されないと、いくら本を読んで理屈はわかっても、無所得、無所悟の修行ということはできないようです。これはあくまでも、私自身のことであって、一般化することはできませんけれども。

それでは、それ以前の十年間の私の坐禅修行は、無意味だったのかというと、私はそうではないと思います。

道元禅師は「菩提心をおこし、仏道修行におもむくのちよりは、難行をねんごろにおこなふとき、おこなふといへども百行に一当なし。しかあれども或従知識《わくじゅうちしき》、或従経《わくじゅうきょう》巻《かん》して、やうやくあたることをうるなり。いまの一当は、むかしの百不当のちからなり、百不当の一老なり」（『正法眼蔵説心説性』）と言われています。見当はずれの修行を、それでも一生懸命につとめ抜くことによって、自分の見当違いな在り方、愚かさが見えてくるのだと思います。自分の愚かさが深く見えてくればそれだけ、自分の仏法についての理解が深まっているのです。道元禅師は「現成公案」に、「身心に法いまだ参飽せざるには、法すでにたれりとおぼゆ。法もし身心に充足すれば、ひとかたはたらずとおぼゆるなり」と言われています。

ただ単純に、無明や渇愛をなくそうと必死になっている間は、まだ無明や渇愛のなかにあるのだと思います。そこにあるのは、否定する自分と否定される自分との、終りのない葛藤です。もしもある程度のところで、自分は悟りをひらいて無明、渇愛から自由になったと思う人がいれば、そういう人は、自分を見据える眼が不徹底なのだと思います。

「無無明亦無無明尽、乃至無老死亦無老死尽」。無明なんて最初から実体としてあるものではない、しかし、無明が無くなることもない、というのは、透徹した自己凝視からのみ出てくる言葉です。「無苦集滅道」も本当の「滅」からみればそうとしかいえない。

ですから、般若心経のここの言葉は、四諦十二因縁を単純な教理としてではなく、具体的に自己にあてはめて修行しぬいた人にして初めて見えてくる、宗教的真実を表現したものだと私は思います。他の人やグループとの論争のための批判の論理ではないでしょう。

八、無所得

無智亦無得為無所得故

中国語の智慧という言葉は、仏教用語としては、二つのサンスクリット語の訳語として使われるようです。

一つは、プラージュナー、このお経の題である般若です。もう一つは、ジニャーナという言葉です。ときには二つに分けて、智がジニャーナ、慧がプラージュナーの訳と考えられ、慧（般若）のほうが程度が高いと考えられたようです。しかしここでは、そういう区別は必要ないと思います。

驚くべきことは、六波羅蜜のなかで最後の般若（智慧）波羅蜜が最も大切だということをいわんとするこのお経のなかに、智慧などというものは無いといわれていることです。

ここでは、智と得とが主観と客観に分けられているのだと思います。

智が主観、得は、智慧によって悟られ、獲得される事実の在りよう、真理とか真実です。般若心経では、その真実は、空という言葉で表現されました。空というのは、無常、無我、縁起、不可得などという用語で表現される、われわれの生命のありのままを一言で表現しようとしたものです。

そして、無所得というのは、主観と客観の区別がないことです。真理を悟る智慧と悟られる真実が区別されているのでは、空に反しているからです。

常識的にいえば、例えば仏教の勉強をしたり、坐禅をすることによって智慧を磨いて、解脱や悟りみたいなものを得ようとするのが、仏教の修行だと思われている。そのように、得る主体と得られる目的が分かれているのでは、空とはいえない。縁起しているものは実体がないからつかめない（不可得）。われわれ自身だって縁起しているものですから、実体がない。得るものも、得られるものも、実体が無いというのが空です。つかめない（不可得）からつかまない、というのが無所得です。

道元禅師の教えのなかでも「無所得」あるいは「無所悟」というのは、とても大切な言葉です。われわれの坐禅の本質に関わることです。

『学道用心集』には「行者自身のために仏法を修すと念うべからず。名利のために仏法を修すべからず。果報を得んがために仏法を修すべからず。霊験を得んがために仏法を修すべからず。ただ仏法のために仏法を修する、乃ちこれ道なり」という言葉がありま す。

『正法眼蔵随聞記』には何回もくり返していわれています。

仏道に入り、仏法の為に諸事を行じて代わりに所得あらんと思うべからず。内外の諸教に皆無所得なれとのみ勧むるなり。

只よき事を行じ人の為に善事をなして代わりを得んと思い我が名を顕はさんと思はずして、真実無所得にして、利生の事をなす。

今、仏祖の道を行ぜんと思はば、所期も無く、所求も無く、所得もなふして、無利に先聖の道を行じ、祖祖の行履を行ずべきなり。所求を断じ、仏果を望むべからざればとて、修行をやめ本の悪行にとどまらば、却って是れ本の所求にとどまり、本の果臼に堕するなり。全く一分の所期を存ぜずして只人天の福分とならんとて、僧の威儀を守り、済度利生の行履を思ひ衆善をこのみ修して、本の悪をすてて、今の善にとどこほらずして、一期行じもてゆかば、是れを古人も打破漆桶底と云うなり。仏祖の行履と云は此の如くなり。

只身心を仏法になげすてて、更に悟道得法までをも望む事なく修行するを以て、是れを不汚染の行人とは云なり。

無所得、無所悟にて端坐して時を移さば、即ち祖道なるべし。

この「無所得、無所悟」ということが、道元禅師の教えに従って坐禅修行をしている者にとっては、最も基本的な姿勢です。そしてこれは般若心経の「空」を「行」として実際に生きていくことだと思います。般若はただ観照的な智慧ではなく、実践として行じていかなければならない。般若心経の最初に「観自在菩薩行深般若波羅蜜多時」と「行」という言葉が使われているのはそのためです。

道元禅師の「正法眼蔵摩訶般若波羅蜜」の最後の結論として、「この般若波羅蜜多の現成せるは、仏薄伽梵の現成せるなり。問取すべし、参取すべし。供養礼敬する、これ仏薄伽梵に奉観承事するなり。奉観承事の仏薄伽梵なり」といわれています。「奉観承事」というのは、仏さんにお目にかかって用事を承ること、つまり、お役に立つことです。そして、ただひたすら、それをやっている、その行が、それ自体、仏さんなのだということです。「行仏」、行が仏なのです。

われわれは、何をするにも、常に何か効果とか報酬を求めています。労働の代価として賃金報酬を、勉強の代価として成績向上を、親切の代価として感謝されることを、そして修行の代価として悟りを……。報酬がないといわれれば、何かをする動機をわれわれのなかに見出すのはとっても難しい。小さな親切をするときも、ボランティア活動をするときも、物質的な見返りではなくても、何か無形の報酬を求めている。

「四聖諦」でいうと、苦しみの原因は渇愛だから、修行して渇愛をなくして、苦しみから解脱したいと願う。苦しみからの解脱が修行の代価としてなければ、修行する気になれない。修行というのは、片手間に、余暇を利用して坐禅しようというのではなくて、雲水の場合は、生活、人生、生命のすべてをそれに投げこまなければならないのですから。


しかし、前にもいったように、渇愛をなくしたい、苦しみから解脱したいというのも、形をかえた渇愛にすぎないということがわかってくる。

それでは、どういう態度で生きていけばいいのか。

無所得で生きるしかないと思います。これが、般若心経の結論です。

これを道元禅師は「只管《しかん》」といわれる。「ひたすら」とか「ただ」ということです。「只管打坐」ただ坐る。何が得られるから、どういう効果があるから、というのではなくて、どんな思いも手放しにして、ただ坐る。坐禅だけでなくて、毎日の生活を、今、ここの行として、ただひたすら生きる。

一般的に、坐禅は悟りをひらくためにするというふうに考えられているけれども、道元禅師の坐禅は、悟りをひらくためのものではない。「修証一如」といわれますが、坐禅という行が証（悟り）なんです。

悟りを求めて坐るというのは、渇愛を無くして苦しみから解脱するために八正道の修行をし、涅槃に入ろうとするのと同じです。何度もいいますが、そのなかにとんでもない矛盾が入っている。涅槃を求めること自体が渇愛であり、苦しみの原因になる。四聖諦に「無」をつけることによって初めて真実の四聖諦になる。

坐禅の場合、無念無想、何も思いが浮かんでこないのが悟りだと考えられている。しかしわれわれの坐禅は、自己中心的な思いをなくすための手段ではない。思い（渇愛）を手放しにする、自己中心性を手放しにするということは、まったく消えてなくなることではない。実際坐禅してみるとわかりますが、渇愛もあるし、煩悩もあるし、自分勝手な思いもある。どんどん浮かんでくるわけです。どんどん湧いてくるけれども、それらを手放していく。渇愛がなくなるわけではないけれど、手放しにされている。それに引きずられて行動しない。渇愛を殺してしまうわけではないけれども、渇愛から自由になる。

明治時代の曹洞宗の有名な禅師さんに、西有穆山《にしありぼくさん》という人がありました。その人に

「ありながら、ありつぶれ」という言葉がある。自己中心的な思いが消えてなくなるわけではないが、手放しにされて、それに引きずりまわされない、それを「ありながら、ありつぶれ」という表現で示されたのです。

つまり、渇愛のあるなしではなくて、それに引きずられない「行」が大切だと、そしてその行が解脱であり、悟りなのだということです。

重心を「渇愛をなくす、なくさない」というところに置くと、どうしても、自分と自分の喧嘩になってしまう。聖書の言葉でいえば「悪霊をもって悪霊を追い出そう」とするようなものです。自己愛をなくそうとするのも自己愛だというところまでいってしまう。実際、解決の道はないわけです。真剣にそれを見つめはじめると、そこでまた、七転八倒してしまう。どうしたってそれを避けられない。そういう方向で修行をしていくと、結局、絶望しか出てこない。

自分本位の思いと喧嘩しながら、仲よくやっていくしかない。仲よくしながら、おとなしくしておいてもらう。それ以外にないと思う。言葉でいえば簡単ですけど、これは一番難しいことなんだと思います。すぐにどちらかの極端にいってしまう。

浄土教で使われるたとえに、「二《に》河《が》白《びゃく》道《どう》」というのがあります。人が西方浄土に向かって歩いていくと、左右に二つの河がある。南側に火の河、北側に水の河、その間に細くて白い道が続いている。両側からつねに水と火とが押し寄せてくる。少しでもまちがうと、どちらかに落ちてしまう。そんな道を、西側から呼びかける阿弥陀如来の声を信じて、真っすぐに進んでいくのが、念仏者の信仰生活だということです。

われわれの坐禅修行も、まったく同じことだと思います。うっかりするとどっちかに偏向して、にっちもさっちもいかなくなる。右に逸れたり、左に逸れたりしようとする思いを手放しにして、ただ坐っているという姿勢です。それはほとんど不可能なほど難しいことですが、しかしそれを「ねらい」として、あるいはそれを信じて、今、ここ、少しだけでも、自分本位の思いから自由になって、まわりの人のお役に立てるようにと願いつつ、行じてゆく。それが、仏教者の宗教生活なんだと思います。

そういう、宗教的な生き方の根本となるのが、般若心経の「無智亦無得以無所得故」ということだと私は思います。

九、遠離一切顛倒夢想

菩提薩唾依般若波羅蜜多故心無罣礙無罣礙故無有恐怖遠離一切顛倒夢想究竟涅槃三世諸仏依般若波羅蜜多故得阿耨多羅三藐三菩提

これまでのところで、般若の智慧から見た「空」という存在の在り方と、それに基づいた「無所得」という生きる態度が説かれてきました。ここではその般若の智慧によって、大乗の修行者である菩薩たちは、涅槃という行き着くところへ行き着いた生き方ができ、過去、現在、未来の三世の仏さんたちは、比較を越えた（無上正等）絶対的な目覚め（正覚）を実現されていくのだということが説かれます。

菩提心（道心、求道心）を発した人が菩提薩唾です。われわれも道を求め、真実の生き方を願っている限り、菩薩です。菩薩がよりどころとすべきは、この般若の智慧だということです。

罣礙《けいげ》というのは、邪魔物とか障害物です。ノートなんかに引いてある線を罫線といいますね。罣と罫とは、どちらも網をかけるようにして妨げるという意味です。線を引いて区分けする、そしてそれが自由な生き方をさまたげる障害物になる。

「正法眼蔵現成公案」に「さとりの、人をやぶらざること、月の水をうがたざるがごとし。人のさとりを罣礙せざること、滴露の天月を罣礙せざるがごとし」とあった罣礙と同じ言葉です。「空」を見ることによって、心に既成概念でつくられたこだわりがなくなるということです。思いの手放しです。

龍樹の「中論」に「浅智は諸法の、若しくは有、若しくは無相を見る。是れ即ち滅見の安隠法を見ること能わず」という偈があります。この偈についての青目という人の解説に次のように書かれています。

若し人、未だ得道せずんば諸法実相を見ず。愛見の因縁の故に種種に戯論す。法の生ずるを見る時に、之を謂いて有と為し、相を取りて有と言う。法の滅するを見る時に、之を謂いて断と為し、相を取りて無と言う。智者は、諸法の生ずるを見て即ち無の見を滅し、諸法の滅するを見て即ち有の見を滅す。是の故に、一切法に於いて所見有りと雖も、皆、幻の如く夢の如し。乃至無漏道の見すら尚滅す。何ぞ況んや余の見をや。是の故に、若し滅見の安隠法を見ずんば、即ち有を見、無を見る。

意訳すれば次のようになります。

まだ仏道に眼が開いていない人は、存在の真実の在り方が見えないで、自分の物の見方や価値観に執着して、対象を分析し分別し、判断して、さまざまな議論をする。何かものが生ずるときには、なかったものが生まれたと考え、それを「存在」と呼ぶ。何かものが消えてなくなるときには、断滅したといい、それを「無」と呼ぶ。智者は、何かものが現れてくるときには「無」の見を手放し、何かものがなくなるときには「有」の見を手放しにする。であるから、さまざまなものを見ないわけではないけれども「有」の見からも「無」の見からも自由である。煩悩という汚れから自由になる。仏道についてのさまざまな見でさえも手放しにする。世間的、相対的価値観に基づいた見はもちろんのことである。どんな固定的なものの見方をも手放しにした真実、安らかな存在の在り方に落ち着かなければ、「有」とか「無」とか偏ったものの見方がやむことはない。

「罣礙」とか「顛倒夢想」とか「恐怖」というのは、いろいろな固定した価値観で物をはかること、それによって却って不安になってしまうことです。それらを手放しすることによって、思い以前（滅見）の生命の在り方に落ち着くことが安隠法――本当に安定した、自由な、恐れるもののない生き方が可能になります。菩薩の落ち着き場所です。固定したものが何もない「空」に坐りこむことですから逆説的ですけれども。

「滅見」というのは何も考えない、思考を停止した状態のようですが、決してそうではなく、そのときそのとき、こうしか考えられない、という自分の考えからも自由になって、まだまだちがうものの見方があるはずだと、自己と万法に向かって問い続けることです。

過去、現在、未来の無数の仏さんたちも、この般若の智慧によって、絶対的な生命の在り方に目覚めておられるのだと、つまり般若それ自体が仏なのだということです。

十、是大神呪

故知般若波羅蜜多是大神呪是大明呪是無上呪是無等等呪能除一切苦真実不虚故説般若波羅蜜多呪即説呪曰羯諦羯諦波羅羯諦波羅僧羯諦菩提薩婆訶

「正法眼蔵摩訶般若波羅蜜」のなかに、道元禅師は、自分の師匠である天童如浄《てんどうにょじょう》禅師の次のような詩を引用しておられます。

渾身似口掛虚空　(渾身《こんしん》口に似て虚空《こくう》に掛かり)

不問東西南北風　(東西南北の風を問わず)

一等為他談般若　（一等に他の為に般若を談ず）

滴丁東了滴丁東　（滴丁東了《ていちんとうりょう》　滴丁東《ていちんとう》）

「風鈴の頌」と呼ばれています。お寺の本堂などの大きな建物の屋根の四隅に、梵鐘を小さくしたような鐘がぶら下がっています。風鐸とも呼ばれます。風が吹くと、カラン、カランと鳴る。風鈴というと、家の軒にかけてある瀬戸物のチリン、チリンと鳴るあれを思い出しますが、この場合はもっと大きな金属製のものです。

「渾身口に似て虚空に掛かる」。風鈴の形は、なかががらんどうで「舌《ぜつ》」とよばれる金属製の板がつり下げられている。風が吹くとこの「舌」が鐘に当たって音を立てる。全身が口に似ている、そして虚空にぶら下がっている。この虚空というのは、ただ空間にというのでなくて、「般若」の「空」です。諸法空相の「空」の、ど真ん中にぶら下がっている。

「東西南北の風を問わず」。どんな風がどの方向から吹いて来ようがより好みなし、同じく玄妙な音で鳴っている。海から吹く風であろうが、山から吹く風であろうが、春のそよ風であろうが、秋の台風であろうが、好きだとも嫌いだとも、楽だとも苦しいとも言わないで、ただ鳴っている。自分なりの音で鳴っている。誰の真似をしているわけでもなく、誰と競争して、よりよい音を出そうとしているのでもない。

「一等に他の為に般若を談ず」。冬でも夏でも、順境でも逆境でも、同じように、他のために、他の人々のために、般若を語りかけている。「他のために」というのは、他の本では「他と与《とも》に」となっています。こちらのほうがいいような気がします。風鈴が鳴っているのですが、風鈴が一人で鳴るわけがない。風があるから鳴っているんです。風と風鈴との出会いによって初めて風鈴が音を出す。その音が般若の音です。誰が聞いていても誰も聞いていなくても、ただ鳴っている。般若を語りかけている。

その風鈴の音が「適丁東了適丁東」です。中国語で読むと「ティチントンリャン、ティチントン」、現在のピンインで音を写すとDi ding dong liao di ding dongだそうです。風鈴の鳴っている音をそのまま書いてある。

これは、ただ風鈴のことだけではなしに、本当は人間のことなんです。空という生命の在り方、無常、無我、縁起、無自性、空という生命の在り方に全身心でぶら下がっている。そして、どっちから風が吹き、どんな状況にあっても自由に空を説いている。他人が聞いていようが、いまいが、おかまいなしに、ただ諸法実相、空の音を鳴らしている。そしてこの音が、風鈴から出てくるのか、風から出てくるのか、虚空全体が鳴り響いているのかわからない。虚空と風と風鈴との出会いのところに玄妙な音が出てくる。われわれの人生もそうでなければいけないし、そうありたいということです。

どんな風が吹いていても、その動きのままに鳴っている。俺はこうだとがんばっても風が吹かなければ音は出ない。どっちから風が吹いても自由に、どちら向きにでも揺れている、その自由な行動の一つ一つで生命の空の在りようを表現している。

またこれは、われわれの坐禅のことを表現した詩でもあります。坐蒲の上に坐って、ただ虚空にひっかかっているだけだということ。そしてそれでも、空という音を鳴らしている。「般若心経」でいっていることを、われわれの主体的、具体的な生き方として、詩のかたちで表現するとこうなるということです。こんな風鈴のような生き方をしたいということです。

「般若心経」は「ギャーテイ、ギャーテイ……」という呪文で終わっています。「呪文」というのは、いわゆる、おまじないです。真言とかマントラ、ダラニとも呼ばれます。もともとはインドのバラモン教で使われていた言葉で、原始仏教では使われなかったものです。インドの神様たちには奇妙な性癖があって、ある特定の人々が、ある特定の供え物をし、ある特定の言葉（呪文）を唱えると、その人々の願いをどうしても聞きいれてしまうのだそうです。その特定の人々をバラモンと呼び、特定の言葉をマントラとかダラニと呼んだようです。大乗仏教になって、これが採り入れられ、のちには密教といって、マントラを唱えることを主とする仏教ができてきます。日本でいうと真言宗がそうです。

「般若心経」のこの呪文もそういう流れのなかで、仏教に入ってきたもののようです。「般若心経」があちらこちらのお寺で御祈祷するときに使われるのはそのためです。しかし私はこれを、普通の現世利益的おまじないとしてではなくて、いつも、頭のなかの思いに引きずりまわされて、すったもんだしているわれわれを、生命の真実の在りように、目を覚まさせてくれるおまじないとして読みたいと思います。

風鈴の音のように、般若を説きづめに説いている音です。

ギャーテイ、ギャーテイ、ハラギャーテイ、ハラソウーギャーテイ、ボージソワカ。

般若心経。

只管打坐の道

私の歩み

安泰寺本堂前にて（京都）、内山興正老師と弟子たち。1972 ～ 73 年頃。左から 4 番目が著者。

人生は一つの公案

私は戦争が終わって三年目の一九四八年に、大阪府の豊能郡西能勢村に生まれました。奥村家は六代の間大阪の天満で商人をしていたのですが、敗戦の年の三月アメリカ軍の空襲で焼け出され、一九五二年に茨木市に移転するまで両親は能勢の田舎に住んで農業をしていたのでした。四歳から十八歳、高校三年の夏まで、茨木で育ちました。

戦争の前後で日本の社会は極端に変わりましたので、私の両親の世代の人たちは価値観の変化について行くだけで精一杯だったのだと思います。戦争が終わったとき、父は二十五歳、母は二十二歳でした。両親は家父長制度に基づいた日本の伝統的な文化や価値観のなかで育ちました。奥村家を維持するために近い親族から十代前半に養子に入った父は、家の存続と繁栄が第一の責務だと教えられ、また自分でもそう考えていたでしょう。さらに戦時中は天皇を神とする軍国主義に従わざるをえませんでした。

終戦後は民主主義と個人主義を基調とする社会道徳が主流となり、学校教育もそれに沿ってなされました。両親の世代は、自分たちが育った時代の価値観を捨てて新しい価値観に従わざるをえず、いわば自信を喪失していたのだと思います。ですので私たちは、両親から日本の伝統的な価値観に合致した躾や家庭教育を受けることはほとんどなく、戦後の学校教育を受けて育ちました。つまり私たちの世代は、新しい規範を体現した生き方のモデルを身近に持つことなく、自分の生き方を自分で考えざるをえなかったのです。そのためにすべてを疑ってかかるようなところがあります。戦前までの伝統的な価値観にも、戦後の逼迫状態から回復し経済大国を目指してエコノミック・アニマルと呼ばれるように働いていた当時の日本社会の状況にも、当然のように懐疑的になりました。

高校生になった頃、人生について多くの疑問をもつようになりました。自分の将来を考え正しい選択をするためには、人生の本当の意味を理解しなければならないと思いました。子供っぽい理想主義的な発想ですが、人間が生きていることにどのような意味があるのか、その意味に基づいてどのように生きるべきなのか、またこの世界が何のために創られ、どのように変化してきたのか、人類の歴史や生命、また世界や宇宙の発端から知りたいと思いました。それを探求するためにたびたび教室から逃げ出して、図書館で本を読んでいました。哲学、宗教、文学、歴史、科学など、手当たり次第に読みました。

それらの本を読めば読むほど、疑問はますます深くなっていきました。それとともに、一九六〇年代の高度成長経済での日本の社会全体が一つの大きな「お金を作るための機械」のように見えました。真実とか正しさではなく、お金になるかならないかで、すべてのものごとが動いているように感じました。欲望を満足させることを第一とした物質主義の結果として、この頃にさまざまな公害問題が起こり、政治的には東西の冷戦、ベトナム戦争、その他諸々の紛争、はては核戦争による人類滅亡の恐怖などが取り沙汰されていました。

また学校は、その金儲けの機械の部品を製造するための工場のように思えました。生きる意味を学ぶ場所ではなく、できるだけ良い部品を大量に製造し選別する場所のように見えました。両親や先生方にも、少しでも良い大学に入るためにせっせと受験勉強をするように言われました。有名大学に入り、良い職業につき、お金を儲けることが人生の目的のようでした。

私は「お金製造機」の部品になることにいかなる意味も見出すことができず、受験勉強なんかするものかと決心しました。物質主義の社会から逃げ出そうと決めたのですが、それではほかにどんな生き方があるのかは皆目わかりませんでした。授業とは関係ない本ばかり読んでいたので、学校の成績は卒業ができるかできないかというところまで落ちこみ、「希望通り」卒業の年には大学受験はしませんでした。

禅との出会い

生きる意味を探求する過程で、同じような疑問を持っていた同級生があり、とても親しくなりました。自分の思うことを正直に話し合える、私にとっては唯一の友人でした。

彼の知り合いに安泰寺に通い沢木興道老師、内山興正老師について坐禅をしている人がありました。当時京都にあった安泰寺は檀家がまったくない小さなお寺でした。沢木老師は「宿無し興道」と呼ばれていたように自分のお寺を持たず、日本中を坐禅の指導に回っておられました。名前だけは安泰寺の住職でしたが、お寺には住まわれず、毎月接心のときだけ帰っておられました。内山老師は、他の少数の人たちと一緒に安泰寺に住み、坐禅修行をされていました。沢木老師は一九六三年、八十三歳のとき、老齢による体力の低下のためにそれ以上旅を続けることができず、安泰寺に隠居されたのでした。

一九六五年の夏休みに、友人は安泰寺に二週間ほど住みこんで坐禅をしました。それはちょうど、内山老師が初めての著書『自己　宗派でない宗教』を出されたばかりのときでした。内山老師からその本をもらった友人は、夏休みが終わったとき、その本を貸してくれました。それが私にとって最初の仏教との出会いでした。

その本を読んだとき、なぜか、この人の弟子になり、この人のように生きたいと思いました。仏教や禅については何も知りませんでしたが、内山老師が若い頃私と同じような課題を持たれていたことはわかりました。老師は人間の生命の真実に生きたいと願われたのです。しかし、真実とは何かがわからず、その答えを探求するために早稲田大学で西洋哲学を専攻されました。大学院の修士課程を終えた後、宮崎県にあったカソリックの神学校の教師になり、哲学と数学を教えるかたわらキリスト教の神学も勉強されました。西洋哲学を深く理解するためにはキリスト教を理解することが必要だと思われたからです。しかしカソリックの組織のなかには入れないと悟り、半年で退職して東京に帰られました。のちに、この半年間だけが老師の人生のなかで定職につき定収入があった期間だと言われていました。

老師は大学在学中に美しい公爵のお姫様と結婚されましたが、奥さんは二、三年後に結核のために亡くなりました。そのとき、看病されていた老師も結核に感染され一生結核とともに生きられることになりました。神学校から東京に帰られた老師は再婚されましたが、新しい奥さんも妊娠中に病を得てわずか数日間寝こんだあとに亡くなられました。この悲劇的な体験をされたあと、出家して禅の修行を始められたのです。その頃、曹洞宗の大本山総持寺の後堂をされていた沢木老師について得度されたのは一九四一年の十二月八日釈尊の成道会の日でした。それは日本が真珠湾を攻撃して太平洋戦争が始まったちょうどその日でした。老師は二十九歳でした。

内山老師は戦争中および戦後、大変な困難のもとで坐禅を修行されました。およそ十年間、日本の社会全体が困窮状態にあったなかで修行を続けられ、求めていた答えを見つけられたのです。それからも禅の修行を続け、書物を書き、その答えを他の人々に伝えようとされていました。

『自己』を読んだとき、仏教についての知識がまったくない私には、老師が見つけられた答えについては皆目理解できませんでしたが、老師の求道の過程に惹かれ、私もそのように生きたいと思ったのでした。宗教書をいくつか読んで、真実の生き方を探求し、それを人々に伝え、指導した人生の教師が世界中に多くあったことは知っていましたが、それらの人々は過去の偉人、聖人であり、書物のなかで知ることができるだけの遠い存在でした。私にとっては、老師は、今現在、現実にそのように生きていた最初の人でした。『自己』を読んで理解できたのは、道を求めてひたむきに努力される過程と、それを見出されてから、その智慧と修行を他の人々と分かちあい、特に若い人々を育てようとされていた、たゆむことのない精進だけでした。老師が真実の生き方として何を発見されたのかは高校生の理解を超えていましたが、老師の著書を読んだのち、仏教についての本を読みはじめました。

その年の秋に、その友人と安泰寺の接心に行こうかと相談していたのですが、学校の行事とかちあって行けませんでした。今はそれが却って幸いであったと思います。高校生のときに何の予備知識も坐禅の経験もなしに五日間の接心に参加すれば、こんなことは自分には無理だと思ってしまったでしょう。そのすぐあとの十二月、沢木老師が亡くなられたことを知りました。

前年から腹部の痛みを訴えていたその友人も、年が明けた二月に手術を受け、同じ年の七月に死にました。彼自身も私も知らされていなかったのですが、腸にガンがあり、若いため進行が速く手術をしたときにはすでになすすべがなかったとのことでした。その友人は私にとって本当の意味で善知識でした。「無常」という仏教語を初めて切実に知ったのはこのときでした。彼が十七歳で死ななければならず、私が死ななくてもよかったという理由は何もないと思いました。ガンという原因はありましたが、十七歳で死ぬのが私ではなく彼でなければならなかった理由はなかったはずです。だから自分にも彼と同じことがいつ起こっても文句は言えないのだと思いました。とすれば、無駄なことに費やす時間はない、いつ死んでも後悔のないような生き方をしたいと決めました。あとで道元禅師の『学道用心集』や『随聞記』を読んで知ったことですが、「観無常」ということは仏道修行を始める第一歩なのでした。

高校を出て一年間は無為に過ごしましたが、やはり内山老師のような生き方がしたく、それにはまず仏教の勉強をしなければと考え、一九六八年に沢木老師が教授として長年教鞭をとられた駒沢大学に入学しました。仏教一般と道元禅師及び曹洞禅の歴史や思想を中心に勉強しました。一九六九年の正月、初めて安泰寺での五日間の接心に参加しました。その後、一九七〇年十二月八日に内山老師から得度を受け、曹洞宗の僧侶となりました。一九七二年の春に大学を卒業し、安泰寺で修行を始めました。

内山老師の教え

『自己』を出版された一九六五年から私が安泰寺に入って老師の指導のもとで修行を始めるまでの間に、老師は八冊の本を書かれていましたが、それらの本はすべて読んでいました。大学で勉強した知識とともに、これらの本を通じて老師から学んだことが仏法の理解の基礎、そしてそれ以降の人生の基本になりました。

老師の教えの基本は以下の三点だと思います。

真実の自己のあり方。

坐禅修行の意味。

真実の自己の理解と坐禅修行に基づいて毎日の生活、人生の全体をどう生きるか。

老師の教えについて、もう少し詳しくお話しします。

自己

内山老師の求道の出発点は自己の真実を生きたいということでした。自己とは何か、そしてその自己の真実のあり方に基づいてどのように生きるべきかということが、老師の求められたものでした。老師によれば、釈尊の時代から仏教の基本的な姿勢は自己を探求し、心の安らいを自己に落ち着くことに求めるということでした。

老師はしばしば仏教の最古層の経典から引用されています。

「スッタニパータ」 自己を依りどころとして、世間を歩め。
「ダンマパダ」 自己の依りどころは、自己のみ。
「パーリ涅槃経」 自らに帰依せよ。他に帰依することなかれ。

そして老師は、これらの基本的な姿勢は真っ直ぐに道元禅師の「仏法をならうというは自己をならうなり」(「正法眼蔵現成公案」)という教えに受け継がれているのだと言われます。沢木老師の有名な言葉にも「自分が自分で自分を自分する」というのがあります。仏法とは、自己が自己に落ち着き、安らい、そしてその安らいのなかで働くということでした。当時「期待される人間像」という言葉が政治家やマスコミのあいだで議論されていましたが、国や社会から期待された通りに生きるか、それとも自分の個人的な欲望や願望を追求して生きるかというような二律背反的なことしか私のまわりからは聞こえてきませんでしたので、釈尊、道元禅師、沢木老師そして内山老師の教えは新鮮に、かつ魅力的に聞こえました。

内山老師によれば、「自己」には二つの層があります。第一義的には、自己は例外なく、一切の存在とぶっ続きです。この縁起の実相のなかで、万物とともに存在し生きているという事実に目を開くことができれば、自然に他の人々や事物に共感し、思いやることができるようになります。また、われわれは一切衆生に老心（親心）をもって生き、出会うところわが生命として他に接し、そして宇宙いっぱいの心をもたなければなりません。

ただこのような絶対的な真実を見るだけでは、実生活の役には立ちません。自己とは変化しない固定したものではないからです。無数の要素が時間と空間のなかで動き、変わりづめに変わっているのが、われわれの生命です。固定した一定の形、性格を保っているように見えるけれども、誕生した瞬間から、身体も心も刻々に変化しています。それは、ろうそくの炎のようなものです。老師は、私たちの生命を不断に変化する縁起の姿として見るように勧められました。一方からいえば、私たちの生命は一切とともにあり、他の方面から見ると、一人一人が他とは違った独自の個性を持っている。この二つの側面から見ることが重要なのです。

個性を持っているとはいっても人間はいろいろな要素が集まったものであり、刻々変化しているものですが、「アタマ」のなかでは、自分自身を、他のさまざまなものから独立して存在する、何か固定したものと思いこんでいます。この思いこみのなかに構築され実体化されたものが「吾我」であり、自分のまわりのものを「我の所有」であるとつかみこんでいます。明確な理由などないのに、自分自身とその所有物に執着していきます。老師はこれを「無明によってつくり出された自己」（業生の凡夫）と言われました。この「生来の自分」は宇宙の万物とつながっている「真実の自己」ではないと。

釈尊の教えによると、人間は色受想行識の五蘊の集まったものです。しかし、五蘊のそれぞれが関わりあって、一つの機械のように働くとき、どういうわけか、「我」という概念をつくり出します。この「我」を五蘊（身体と心）の所有者であり、かつ運転者であると思いこんでいるのです。サンスクリット語では、これをpanca upadana skandha（五取蘊）と呼びます。つまり、これが業生の凡夫であるということなのです。人間の心理はこの「我」に対する執着に基づいて働き、そしてこの「我」の願望を満たしたいという力は業識と呼ばれます。

道元禅師が「仏道をならうは自己をならうなり」と言われるとき、その「自己」は妄想によってつくり出され、身心の所有者であり、運転者であると考えられている「吾我」をならうということではありません。むしろ、真実の自己とは業生の凡夫としての自己を脱構築し、業識によってつくり出される自己中心的な思いを手放し、業生の自分への執着から自由になったときに現成するものです。真実の自己をならうことが仏道をならうことです。

坐禅

「業生の凡夫」から「真実の自己」への転換は思考によってなされることではありえません。言語、概念、論理を使った分別的思考こそが全体を分断し、自分を一切の他者から切り離すプロセスに他ならないからです。分別的思考が自己中心的な願望と結びつくことが、問題の核心で起こっていることです。坐禅は概念的思考によって思い固められた自己を忘れる姿勢です。坐禅中は、業生の思いを手放し、新しい業をつくらないのです。五蘊が五取蘊であることをやめ、五蘊が当たり前に「空」にもどるだけです。道元禅師はこれを身心脱落と呼ばれます。「普勧坐禅儀」のなかで、以下のように言われています。

放捨諸縁、休息万事。不思善悪、莫管是非。停心意識之運転、止念想観之測量。莫図作仏、豈拘坐臥乎。

諸縁を放捨し、万事を休息す。善悪を思わず、是非を管することなかれ。心意識の運転を停め、念想観の測量を止めて、作仏を図ることなかれ、豈に坐臥に拘わらんや。

あらゆるかかわりをなげ出し、すべてのことをやめてしまって、善悪もおもわず、是非も問題にしないことだ。心意識からのはこび持ち出しをやめ、また思いを一つに固着させようなどというはからいもやめて、仏になろうとさえもおもってはならない。仏道は干物みたいに固定した成仏の道ではなく、坐臥にかかわらぬ生き生きした生命なのである。

（内山老師の現代意訳、『宗教としての道元禅　普勧坐禅儀意解』四七－四八頁より）

坐禅を行ずるとき、すべてのことを手放しにしています。過去に学んだこと、記憶したこと、悟りたい、仏になりたいという思いを含めてすべての思いを手放しにするのです。坐禅のなかで起こっていることを老師は「思いの手放し」と表現されました。端坐するなかでも、さまざまな思いが浮かんできますし、そして消えていきます。ただ、浮かぶは浮かぶに任せ、消えていくものは消えていくままに任せているだけです。それらを追うこともせず、それらと戦うこともなく、無くそうともしない。思考ではなく、骨格と筋肉とで、ただ正しい姿勢と、深く静かな呼吸を続けます。すべてのことをこの端坐という姿勢に任せるのです。

坐禅は仏になることや悟りを得ることも期待せずに、ただ坐ることです。道元禅師の表現では「只管打坐」と言います。沢木興道老師の有名な言葉、「坐禅してもなんにもならない」というのも同じ意味です。何にもならないからやめておくのではなく、何にもならない坐禅を坐り抜くことです。

しかし、壁に向かって、坐蒲の上に坐っていても、「只だ坐ること」以外に二つのことができます。「考えごと」と「居眠り」です。坐禅は考えごとでもなく、居眠りでもありません。坐禅の姿勢で坐っていても、考えごとをしているのであれば坐禅ではありません。机の前でコンピューターに向かって考えているのと同じです。もしも居眠りをしていれば、布団のなかで眠っているのと変わりはないのです。両方とも只管打坐の坐禅ではありません。ただ坐っていることから外れているときにはいつも、居眠りから覚め、あるいは思いを手放しすることによってただ坐ることにたちかえるのです。

ここで注意しなければならないのは、「考えごとをする」ことと「思いが浮かんでは消えている」こととは、違うということです。面壁して坐禅をしているときでも胃袋は食べたものを消化し、心臓は鼓動によって血液を身体中に行き渡らせています。その他、身体中のそれぞれの部分が例外なく働きを続けています。頭脳だけが働きをやめてしまうことはありえません。そして頭脳の働きは「思い」を製造することです。老師は、胃袋が胃液を分泌するように、頭脳は「思い」を分泌しているのだと言われました。

坐禅中、頭脳は思いを分泌し続けていますが、坐禅している本人は「考えごと」をしているわけではありません。事実として胃袋は坐禅中も胃液を分泌して食べたものを消化していますが、「自分」が「胃液を分泌し」「消化活動」を「している」とは言いません。それは身体のなかで起こっていることですが、われわれが「主体」としておこなっていることだとは考えていません。同じく、頭脳が「思い」を分泌しているのは事実ですが、「私」が「考えごと」をしているのとは違います。

坐禅中「考えごと」をしているとき、心は二つに分断されています。浮かんでは消えている思いと、それを対象としてつかみ、それについて思考し、価値判断し、好き嫌いを決めている主観としての心が分離し対峙しているのです。その主観と客観とに分かれた心が互いに働きあっています。心がそのように主観と客観に分かれて考えごとをしているとき、それをやめてただ坐ることにたちかえります。具体的には、正しい姿勢と深く静かな呼吸、目を開けてしっかり覚めていること、そして思いを手放しにしていることに戻る。これが「思いの手放し」の現実的な意味です。坐禅のなかでは、ただ坐ることに集中します。「ただ坐る」ことから外れているとき、思いを手放しにし、目を覚ますことによって「只だ坐る」「なんにもならない」坐禅にたちかえります。

この端坐の姿勢と思いの手放しのなかに本来的な真実の自己が現成しています。坐禅がいかなる業識の思いにも騙されず、くらまされない、あるがままの自己の正体です。道元禅師は『正法眼蔵随聞記』のなかで、「坐はすなはち仏行なり。坐は即ち不為なり。是れ即ち自己の正体なり。この外別に仏法の求むべき無きなり」と言われています。「正法眼蔵三昧王三昧」では以下のように言われます。

あきらかにしりぬ結跏趺坐、これ三昧王三昧なり、これ證入なり。……いま人間の皮肉骨髄を結跏して、三昧中王三昧を結跏するなり。……七佛正伝の心印すなはちこれなり。……ほとけのほとけをみる、この時節なり、これ衆生成佛の正當恁麼時なり。

道元禅師にとって坐禅は、目覚め、悟り、成仏などの何か願わしい結果を得るための方法あるいは手段ではありません。坐禅そのものが真実の自己であり、正しい仏法なのです。坐禅において私たちは何も得ることはありません。「般若心経」にもいわれるように、本当に無所得です。

人生態度

内山老師は、人間には二つの相反する生き方が可能だと言われます。一つは自分の欲望を満たすことを追求し、そのために働き、他の人々と競争する。いつも自分と自分のまわりの状況に満足できず、何かが足りないと思う。何かを獲得することによってその満たされない部分を補充すれば幸福になれると思うような生き方です。その物を得るために、あるいは何かを達成するために努力します。しかし、物を得たり、目標を達成できたときにも不満足さは残ります。そしてその空虚な部分を埋めるために新しいゴールを設定することになります。そのようにして、欲望はいやましに肥大し、餓鬼道に落ちたようにどこまでいっても満足は生まれてこないのです。のみならず、われわれが欲しがるものは、他の人々も欲しがっているので、それらの人々と競争せざるをえなくなります。これが三界に輪廻するようになる仕組みなのです。たとえ成功し、他人よりも権力、財産、社会的地位、名声を得ていると感じたとしても、それらをいつ失うことになるかと不安になります。そして死んでいくときには、それら努力して獲得したものをすべて置いていかなければならないのです。

人間に可能なもう一つの生き方は、釈尊が歩まれた道です。釈尊は王子として誕生されたのですが、父王の城を出、その恵まれた地位を自ら捨てて解脱への道を求められました。若く、健康で、強く、賢かった王子としての特権を放棄し、世間的に言えば、王子から乞食になられたのです。悟りを得られた後、悟られた真実を人々に教え、不満足と競争心に引きずられることなく、正しく生きる生き方を指導されました。出家者および在家者の集団の指導者として、中道としての八正道に従った生き方をその生涯の最後まで続けられました。

これらの二つの生き方は正反対です。「吾我」という固定したものはなく、一切が一切とつながっているという縁起の真実を発見すれば、万物と調和のとれた生き方を求めざるをえなくなります。一切万物から支えられているのだから、他の人々や事物を支えるように努力しなければならなりません。少なくとも危害を及ぼすようなことは避けねばならないのです。

誓願と懺悔

もう一つ内山老師が強調されたのは、菩薩の誓願をもち、懺悔しながら生きるということです。大乗仏教では、すべての菩薩は四つの誓願をもたなければなりません。「衆生無辺誓願度、煩悩無尽誓願断、法門無量誓願学、仏道無上誓願成（衆生は無辺なれども誓って度せんことを願う、煩悩は無尽なれども誓って断ぜんことを願う、法門は無量なれども誓って学せんことを願う、仏道は無上なれども誓って成ぜんことを願う）」です。

これらは菩薩道の方向として、完了ということがない無限の誓願です。この道を一歩ずつ、歩んでいかなければなりませんが、完全に成就するということはありえないのです。修行は永遠に未完成ですから、誓願の反面には常に懺悔がなければならないといわれます。菩薩道における懺悔は、ただ単に何か失敗をしたときに「ごめんなさい、もう二度としません」ということではないのです。むしろこの懺悔は、自分の修行が未完成である事実に目覚めていることです。この気づきが、傲慢になることから自分を守り、次の一歩を進める活力になります。

四弘誓願のほかに、個人として達成することができる具体的な誓願（別願）をもたなければなりません。老師はいつも二つの誓願をもっていると言っておられました。坐禅をしぬいた鉄漢を育てることと、現代人のための坐禅のテキストをつくることでした。

安泰寺に入って、老師の指導のもとに修行を始めたとき、菩薩の誓願をもたなければならないということを理論的には理解していましたが、衆生を救わなければならないという強い感情を自分のなかに見出すことは難しかったのでした。というのは、私の人生についての疑問はもともと、物質万能の競争社会から逃げ出したいという願望から出ていたからです。社会のなかで他の人々を助けるために働くということにもともと強い関心がなかったことを認めなければなりません。これがそれ以後の宿題となりました。

後者の道を歩もうとするならば、保たなければならない三つの精神的態度について道元禅師は『典座教訓』に説いておられます。それらは三心、すなわち喜心、老心、大心です。

大心とは山のように大きく、海のように広い無分別の心です。山は不動であり、喬木、低木、草、花、大小の動物たち、昆虫たち、バクテリア、その他のさまざまな生き物を、区別することなく抱いています。大海は、さまざまな河川から流れ入るどのような水も受け入れ、ただ一つの大海に取りこんでいきます。菩薩としては、すべての人々や生き物とともに歩み、価値があるなしの比較や、順境、逆境などの比較をやめなければなりません。あらゆる状況を世間的な価値判断から自由な一つの平等な眼で見ようとする態度です。

道元禅師は、老心とは父母の心だと言われます。子をもつ親はたとえ貧しくても、いかなる状況でも、子供を守ります。子供のままの人々はいつも人に守護されることを期待し、そうしてくれないと泣きわめいたり、不平、不満を言います。成熟した人は、自分の子供や他の人々の世話をすることに生きる意味を見出すことができるのです。菩薩として三宝（仏法僧）をわが子とし、守り、育てる努力をしようとする姿勢です。

喜心とは、他の人々や事物を世話する働きにおいて喜びを見出す態度です。すべてが順調に進んでいるようなときには、状況そのものが喜ばしいから喜心は必要ありません。ただ喜んでいれば十分なのです。しかし、逆境にあって、喜びを探しだすことさえが難しいときにこそ、困難な環境に影響されて消極的、悲観的になりがちな思考や感情に圧倒されないために喜心が必要になります。

最初の接心

先ほど述べたように、一九六九年の正月に、安泰寺での五日間接心に初めて参加しました。安泰寺の接心は一炷《しゅ》五十分の坐禅を一日に十四炷坐るだけでした。坐禅以外には、三度の食事とその後の短時間の休みだけでした。四時起床、四時一〇分から六時まで二炷坐禅、六時朝食。七時一〇分から一二時まで五炷の坐禅。昼食と短時間の休憩の後、一時一〇分から六時までまた五炷の坐禅。夕食後、七時一〇分から九時まで二炷の坐禅という差定でした。このいとも単純な修行を五日間続けるのでした。最後の五日目は午後五時で接心が終わりました。

二十歳の大学生だった私は、前の年に駒沢大学に入って、およそ半年の坐禅の経験しかなかったのです。足首、膝、そして腰が痛みました。結跏趺坐、あるいは半跏趺坐で坐るということは、すなわち痛みに耐えることでした。東京での学生生活では、深夜というより早朝まで本を読んでいました。それから眠りにつき、朝遅く起きて学校に行っていたのでした。ところが接心中はいつもは就寝する頃に起きなければならなかったので、まるで時差ボケの最中のように一日中眠たかったのです。また安泰寺の本堂は古い建物で、壁と柱の間に空気が通り抜ける隙間が空いていて、一月の寒気が容赦なく入ってきました。驚いたことには、隙間風を防いでいるのは四方の壁にめぐらされた紙のカーテンでした。お米屋さんからもらってきた米袋を解体して作られたとのことでした。

本堂のなかには二つの小さな灯油ストーブが置いてあるだけでした。最初の接心は、痛み、眠気、そして寒さに耐えることでしかなかったのです。ただ一つ楽しめたのは食事でした。食事中は正座をしなければならなかったし、言語に絶するスピードで食べ物をかきこまなければならなかったのですが、質素ではあっても美味しい食べ物は救いでありました。東京の下宿での自炊生活では、ろくなものを食べていなかったのです。疲労困憊でなんとか五日間坐りきることができたとき、この最初の接心がまた自分には最後の接心になるだろうと思いました。しかし、どういうわけか数か月後にはまた安泰寺に帰りました。それから今日に至るまで五十年近く、この単純な接心が私の生活の中心になっています。

安泰寺での修行

一九七二年春に駒沢大学を卒業すると同時に安泰寺に入りました。高校生の頃から大学を終えるまで、本を読むことと考えることしかしてこなかったように思います。読書と思考だけの生活に飽きていましたので、東京から安泰寺に送った書物を段ボール箱に入れたまま全部押入れに放りこんで、なるべく読まないようにしました。安泰寺にいる間に本気で読んだのは、老師が提唱されるテキストと『正法眼蔵随聞記』だけでした。老師は月に二度の日曜参禅会に一時間半の提唱を午前と午後二回されました。話されたのは多く道元禅師の著作についてでした。『随聞記』は何回も何回もくり返し読んで、それぞれの段落の最初の一行を読めばあとはどういうことが話されているかわかるまでになりました。それでも道元禅師の言葉が自分の一部分になるようにくり返して読むことにしていました。

安泰寺の修行の中心は、寒すぎる二月と蒸し暑い八月を除いて毎月あった接心でした。普通は五日間、六月と九月は三日間でした。接心をほとんど毎月坐ることは、もちろん厳しくはあったのですが、全力で集中でき、人生で初めて読書と思考から解放されて、本当に生きはじめたのだという実感がしました。

接心以外の日常生活では、早朝五時一〇分から八時まで三炷、夕食後六時一〇分から八時まで二炷、合計五炷の坐禅が基本でした。日中は必要に応じてお寺の清掃、畑仕事、薪割りなど全員での作務がありました。料理や風呂を沸かすのは薪を使っていたので、一年中絶やさないように薪を準備するのが大切な作務の一つでした。安泰寺は京都という都会の住宅地にあったので、薪にする木を見つけるのが大変でした。小さな畑があり、大根、白菜、胡瓜、茄子などを栽培していました。晩秋には大根や白菜などの漬物作務がありました。全員での作務がないときには、それぞれの担当の仕事をしたり、勉強をしたり、自由にすることができました。私は、そのような場合には、高雄、鞍馬、比叡山など洛北の山のなかを散歩することにしていました。なるべく本は読まないようにしていたからです。

安泰寺に安居する雲水は全員三日間交代で典座当番をしなければなりませんでした。典座というのは、中国の叢林で始まった食事を司る重要な役職です。食事は非常に質素なものでした。朝食は前日の残りの玄米のお粥と沢庵かその他の漬物でした。昼食は玄米ご飯、味噌汁と漬物、そして夕食は玄米あるいは白米、味噌汁と野菜の副食に漬物というのが定番でした。料理当番のときには、道元禅師が『典座教訓』で書かれていることを文字通り実践しなければなりませんでした。老師は『人生料理の本』を書かれて、ご自分の典座の経験をもとに、修行者がどのように坐禅以外の日常の生活を修行として勤めなければならないかを、典座という台所仕事を例として説かれました。それもまた坐禅堂のなかでの修行と同等に大切なことでありました。すべて薪で料理をしていましたので、料理中はまったく気を抜けず、目を離せない修行でした。ご飯、お汁、副食、お茶に使うお湯など、三つか四つのかまどで同時に煮炊きするのですから、一秒も油断ができなかったのです。少しでも火が強すぎれば、ご飯は焦げてしまうし、火が弱ければ生煮えになってしまって食べられない。今ここの仕事に全神経を集中しなければ何かの不具合が起こるのでした。しかも、それを食べる人たちは全員同じ経験をしているので、何もごまかすことはできなかったのです。

安泰寺は檀家がなかったので、雲水たちが托鉢をして修行生活を維持していました。毎月二、三回、京都やその近郊、大阪や神戸などの商店街に行って托鉢をしていました。接心は外部の人々も参加していましたが、内山老師は参加費を取ることは一切なさらなかったのです。接心の案内には、一食につき一合のお米を持ってくるようにとだけ書かれていました。もちろん、浄財を寄せる人々もあったのですが、それを要求されることはまったくなかったのです。

托鉢は、夏は暑く冬は寒くて厳しいけれども良い修行でした。法衣を着、草鞋をはき、網代笠をつけ、応量器を両手で捧げ持って街を歩くと、ある人々は仏様を拝むときのように恭しく合掌し頭を下げてお布施をくださいました。ある人々はからかったり、ときには本当の乞食にするように怒鳴られたりすることもありました。また完全に無視する人々もありました。それらのさまざまな人々に対して、まったく同じく丁寧で礼儀正しい態度を保たなければならなかったのです。托鉢はただお布施をいただくというだけではなく、どのような態度でわれわれに向かう人々に対しても分け隔てなく接しなければならないという、いわば分別意識から自由になる修行でありました。

他のお寺と比較して安泰寺の修行の特色は、ほとんど儀式というものがないことでした。八月に二週間ほど続く夏期日課の間を例外として、朝課、日中、晩課などの諷経もなかったのです。お経を読むのは托鉢に出かけるときと帰ったとき、「般若心経」、「消災妙吉祥陀羅尼」を唱えるだけでした。食事は応量器を使ったのですが、行鉢念誦を唱えることはありませんでした。他のお寺に行くと、安泰寺から来た雲水は「般若心経」さえ経本を見なければ読めないという悪評がありました。

安泰寺はもともと一九二一年に、駒沢大学を終えた学生のなかから曹洞宗の宗乗を深く学ぶことを希望する優秀な人たちを選抜して勉強をさせるために、学林として創立されました。檀家は一つもなかったので、葬式や法事もする必要がなかったのです。内山老師は坐禅だけに専注するという方針を明確にするために、毎日の読経もやめてしまわれたのでした。

しかし安泰寺は小さなお寺で、厳しい坐禅修行をいくら長期間続けても曹洞宗僧侶としてお寺の住職になるための教師資格を得ることはできませんでした。教師資格を得ようとすれば、永平寺や総持寺、その他の宗門に認められている専門僧堂に安居する必要がありました。

内山老師は、安泰寺ではそのような魚釣りのえさを目の前にぶらさげて雲水を釣りあげるような修行ではなく、資格も悟りも何も得ることを期待しない無所得の修行でなければならないと言われていました。修行のための修行、仏法のための仏法でなければならないというのは内山老師だけではなく道元禅師の教えでもありました。坐禅でも、それを含めた日常生活全体の修行でも、同じ無所得の態度を維持することが大切だということを強調されていました。

英語とのかかわり

安泰寺での月例の五日間あるいは三日間の接心では、通常五十人ないし六十人の参加者がありました。そのうちのほぼ三分の一は安泰寺に安居している出家、在家の修行者でした。次の三分の一は、外から来る日本人の参禅者の人たち、あとの三分の一はアメリカやヨーロッパの国々、オーストラリアなどのさまざまな地域出身の人たちでした。安泰寺の近くにアパートを借りて毎日坐禅に通ってくる人たちもあり、あるいは京都市内の各地に住んで接心に来る人たち、旅行中で短期間参禅する人たちもありました。

一九六〇年代から七〇年代のはじめにかけて、欧米で、いわゆるヒッピーと呼ばれる人たちのあいだに禅や上座部仏教、ヨガなどを含む東洋の霊性に興味をもつ人たちが多くいました。彼らのなかには、京都に来て、武道、茶道、能、墨絵、俳句、陶芸、工芸、建築、菜食、その他の日本の伝統的な文化に触れ、それらの文化の基本にある禅を実践しようとする人も少なくありませんでした。その頃に創立された欧米の禅センターで坐禅の経験をし、さらなる修行のために来た人や、僧堂に安居して日本人雲水と一緒に修行する人たちもいました。しかし、それら外国から来た若い人たちは、髪の毛を長く伸ばし服装にも頓着しませんし、マスコミにつくられたイメージでは、ヒッピーといえばマリファナやLSD、フリーセックスと結びつけられていたので、何か胡散臭い人たちだと見られており、彼らに門戸を開いているお寺は多くはなかったのです。内山老師はそれらの人たちを安泰寺に受け入れ、住むところが決まるまで滞在することを許されました。何人かはかなりの長期間安泰寺に住みこみ、出家得度を受けた人たちもいました。

私が高校生で社会との関わり方について悩んでいたちょうどその頃、アメリカやヨーロッパでも、既成の社会のあり方に疑問を感じ、反抗したり、新しい文明の方向を模索したりする大きなムーブメントが起きていました。ある人々は政治的に活動し、ある人々は文化的、精神的な道を東洋の文化に求めていました。高校の頃からビートジェネレーションのジャック・ケルアック、ゲーリー・スナイダー、アレン・ギンズバーグなどの詩や、彼らからバイブルのように思われていたヘンリー・デイヴィッド・ソローの『ウォールデン　森の生活』は読んでいたのですが、このときに初めてその流れのなかから日本に来た人々と現実に出会ったのでした。当時、自分は孤立しているように思っていたのですが、安泰寺で出会った日本人、西洋人を問わず、同年代の若い人たちと一緒に坐禅したり、話をしたりすることによって、自分も一つの大きな流れのなかにいたのだということがわかりました。

内山老師は人類の精神史を広大な視野から考えられ、二十一世紀は宗教の時代でなければならないとよく言われていました。内山老師ご自身は外国語を話されなかったのですが、熱心に参禅する外国から来た若い人たちに向け、仏法としての坐禅修行の意味を説明したいと願われていました。ときには何人かの人たちのために法を説かれることもありました。そのような場合には、日本語を理解するアメリカ人が通訳をしていました。しかし、日本語がわかるといっても、仏教や禅の広い知識があるわけではないので、どの程度真意が伝わっているのか不安ももたれていたようで、日本人の弟子たちにも英語を勉強するように勧められていました。これからは、坐禅をしっかり修行し、仏教を広く深く学び、それを外国語で説明することができる人材がぜひとも必要だと言われていました。

またご自身でも、一九七一年に外国人をおもな読者対象と想定して『生命の実物　坐禅の実際』という本を書き下ろされました。これは、曹洞宗宗務庁から刊行された小冊子『現代文明と坐禅』とともに、安泰寺で参禅していた二、三人のアメリカ人によって英語に翻訳され、一冊にまとめられて『Approach to Zen』というタイトルで一九七二年に出版されました。

大学を卒業して安泰寺に入ったとき、老師は私にも英語を勉強するように勧められました。中学のとき以来、学校の授業での勉強はしていましたが、英語にはほとんど興味はありませんでしたので、大学を出たあとに、自分が英語を読んだり話したりするとは夢想だにしていませんでした。しかし、どういうわけかそのときお断りすることができず「はい」と言ってしまいました。その中途半端な「はい」が私のそれからの人生を決めてしまったのです。

三人の雲水が、大阪にあった英語学校に通うことになりました。その学校は、サンフランシスコ禅センターを創立された鈴木俊隆老師のお弟子で、永平寺に安居したこともあるイギリス出身のペッチーさんという人が運営されていました。沢木老師が遷化されたときに内山老師は遺言に従って普通のお葬式はされず、四十九日の接心葬をされました。弔問に来られた人たちには坐禅をお供えするようにと勧められました。ペッチーさんはこの接心にも参加された方でした。授業料はご厚意で他の学生たちの三分の一でしたが、三人分とも内山老師が払っておられました。

英語を学びはじめてからは否応なく「英語が話せる日本人」とみなされるようになって、多くの外国から来た人たちと話すことになってしまい、彼らと坐禅や仏教について語りあうのが日常のことになりました。その一人、マイケルは墨絵を習っていたのですが、毎週決まった日に安泰寺に来て、私と英語でさまざまなことについて話をしてくれるようになりました。実践的な家庭教師でありました。そういった何人かの人たちとは、現在でも同行者として交流があります。現在の私のアメリカにおける英語での活動は、内山老師の先見の明とペッチーさんのご厚意と、これらの人たちとの交流の小さな果実なのです。それがなければ、私の一生はまったく違ったものになったはずでした。

パイオニア・バレー禅堂へ

一九七五年二月末に内山老師が安泰寺を引退されるまで、修行を続けました。老師が安泰寺を去られる二週間ほど前に嗣法をさせていただき、最後の嗣法の弟子になりました。そして、老師が引退されてすぐに安泰寺を出て、教師資格を取るために愛媛県の瑞応寺に三月から八月まで安居しました。

その年の十二月、池田永晋さんと一緒にアメリカに出発しました。すでに前年にアメリカに渡られてマサチューセッツ州西部の森の中に五エーカーほどの土地を買い、新しくパイオニア・バレー禅堂をつくりはじめられていた市田高之さんのお手伝いをするためでした。内山老師が安泰寺でおこなわれていた只坐る坐禅をアメリカの土壌に移植する試みでした。

永晋さんと私はアメリカに到着後、カリフォルニアで少しの時間を過ごしてから自動車で東海岸に向かいました。われわれがバレー禅堂に到着したのは一九七六年の二月のはじめでした。森を切りひらいて小さな建物を建てはじめ、冬が越せるようにはなっていましたが、内装はまだ未完成で二階の坐禅堂兼三人の寝室には電気の配線がありませんでした。灯油のランプのもとで坐禅したり、本を読んだりしておりました。三人の日本から来た雲水がニューイングランドの森に住んで坐禅生活を始めたのです。

春が来ると、森の木々を切り、根っこを掘り、土を耕して、畑をつくるのに二、三か月かかりました。最初は井戸もなかったので、毎朝坐禅が終わった後、五〇〇メートルほど離れた隣の家の井戸へ、プラスチックのコンテナーを載せた一輪車を押して一日分の水をもらいにいくのが日課でした。朝五時から二炷坐って、朝食後すぐに作務を始め、夕方まで働きました。夜は坐禅するエネルギーもなく夕食を食べるとすぐに眠ってしまいました。森のなかの何もない土地を住めるようにするのは大変な労働でした。

そのようななかでも、毎月五日間の接心は続けました。冬の間も地下の薪ストーブで全館が暖房されるので、二月も接心をしました。また夏の間も、京都ほど蒸し暑くはないので、八月に接心をしないでおく言い訳はありませんでした。

接心中以外の日曜日には坐禅会をおこない、午後、増永霊鳳先生の訳された『随聞記』をテキストに勉強会をしておりました。『随聞記』を読み終わったとき困ったのは、それ以外には英語の曹洞禅のテキストがないことでした。先述の『Approach to Zen』は活用しておりましたが、道元禅師の著作は『随聞記』以外は入手できませんでした。

それで必要にかられて『普勧坐禅儀』を翻訳しました。出版しようなどという意図はまったくなく、毎日実際に行じている坐禅の意味を、一緒に坐ってくれるアメリカの人々と分かちあいたいというだけのことでした。仏教や禅の学者でもなく、英語の専門家でもない私が翻訳するには大変な時間と労力がかかりました。ただ私の強みは、自分たちが坐禅を何よりも大切な生活の基盤としてともに行じていたこと、また辞書や書物で調べるだけではなく、ともに坐禅を行じている人たちに、一語一語の意味をできうる限り説明し、それを英語で何と言えばいいかを教えてもらうことができることでした。それ以降の翻訳もすべて、坐禅をともに行じる人々との共同作業としておこなわれてきたものです。翻訳は、私自身が仏法を学び、アメリカの人々とその理解を共有し、ともに行じていく修行そのものでした。

町中で育ったので、ニューイングランドの森の静かで平和な環境での生活は楽しいものでした。自然は厳しく、屯田兵まがいの生活は楽ではなかったのですが、日本の都会での物にあふれた生活から逃げだしたかった私には、理想的な場所だと思われました。所用でボストンまで出かけた折、ソローが住んだコンコードのウォールデン・ポンドに行く機会もありました。彼の「森の生活」とあまり違わない生活をすることができて満足でした。テレビもラジオもなく、新聞も読みませんでした。ただひたすら坐禅し、自然のなかで働くだけでした。夏の間は作務と坐禅ばかりで、本を読んだり考えごとをしたりする時間も体力的余裕もなかったのです。冬の間は雪が積もって外の仕事はできないので読書する時間はありましたが、日本から送った少しの道元禅師関係の本しか手元にはありませんでした。あまり考えることなく、身体を使って働き、坐禅することが救いでした。このような生活をしていた五年間、世界で何が起こっていたのか記憶には何もないのです。大梅法常禅師が山にこもって、「ただ山が緑になったり黄色になったりするのを見るだけだ」と言われた言葉そのままの生活のように思われました。

一九七九年のある週末、ニューヨーク市内の禅センターで接心をさせていただきました。接心が終わった後、マサチューセッツに帰るバスに乗るまでに半日ほどの自由な時間がありました。マンハッタンのセントラルパークの近くにあった禅堂から南の方に歩き、自由の女神が見える公園まで行きました。そのときの私は、バレー禅堂に帰るバスの切符以外、お金をまったく持っていなかったのです。パスポートも運転免許証も自分が何者かを示す物もなく、荷物は法衣が入ったバッグだけでした。もしここで自動車に轢かれて死んだとしたら、私がどこの誰なのか誰にもまったくわからないだろうと思ったその瞬間、「私は自由だ、物質文明からの逃避は完了したのだ、そしてもう逃げる必要はないし、逃げてゆく場所もないのだ」と感じました。そのときから、社会に戻ってもいいのだ、あるいは戻らなければいけないのだと思いはじめました。「お金製造機」の一部品として戻るのではなく、仏法と坐禅を人々と共に学び行ずるためにですが。

日本に帰って

バレー禅堂での坐禅生活を始めたばかりの頃は二十歳代後半で若くて健康だったので、身体というのは使えば使うほど強靭になるものだと考えていました。ところが三十歳を超えると、無理がたたったのか、たちまち身体のあちこちに痛みを感じはじめました。

身体を酷使しすぎて、首、肩、肘、膝、すべて右側が痛んだのです。学生の頃本ばかり読んで運動を何もしなかった身体は、屯田兵まがいの生活に耐えきれなかったのでした。収入もなく、医療補助を申請するための身体検査の費用さえない私は、やがて日本に帰らざるをえなくなりました。

一九八一年二月に帰国してから半年間、大阪の弟のアパートに住むことができました。写真家の弟が半年間アメリカに撮影旅行に出かけたからです。

その間、まったく一人でした。修行する場所もなく、一緒に修行するサンガの人たちもなく、お金もなく、職もなく、身体は半分壊れかけていました。身体の状態のせいで、それまでの安泰寺およびバレー禅堂でのおよそ十年間のように厳しい坐禅修行をすることは不可能でした。坐禅修行と仏法のために働くことに身も心も投げこんだ二十代ののち、ただ一人で都会のアパートにいるのはとても辛いことでした。何をしたらいいのか途方に暮れました。

しばらくの間混乱し、落ちこんでいました。自分の人生は失敗だったと感じていました。それは身体的、経済的に悲惨な状態にあったからだけではありません。出家してかそれまで坐禅一筋に最大の努力をしてきたという自信がありましたから、自分の状態やその理由については疑問も後悔もなかったのです。混乱の原因はもっと深いところにありました。坐禅が何にもならないのであったら、そして本当に何にもならない坐禅をひたすら行じてきたのであれば、どうして坐禅ができなくなったからといって、悩んだり落ちこんだりしなければならないのかというのが根底的な疑問でした。

私は幸いにも、坐禅修行を始めた最初に沢木老師、内山老師の教えに出会うことができました。沢木老師は坐禅しても何にもならないと、明確に教えられていました。そのことを重々理解し、その何にもならない坐禅を一心に行じていたはずでした。坐禅が何にもならないものであればどうして坐禅ができなくなったことで悩まなければならないのかを、自分自身に問い続けました。それは、それまでの自分の修行は仏法とすれ違っていたのではないか、それゆえに無意味な骨折りでしかなかったのではないかという疑問だったのです。身体が痛いとかいうことは大きな問題ではありませんでした。

そのように悶々としていたある日、自分の二十代の修行は「何にもならない」「何ものも求めない」修行なんかではなかったことに、思い当たりました。「無所得、無所悟」の坐禅を修行しているから、自分の生き方は価値があるのだ、少なくとも世間で金儲けのためにあくせく働いている人たちよりも意味のある生き方をしているのだと、傲慢にも心の深いところで思っていたことに気がついたのでした。自分自身と自分の生き方を正当化するために仏法と坐禅修行を使っていたのだということがわかってきたのです。仏法のために仏法を修行していたと思いこんでいたけれども、心の深層では自己満足にすぎなかったのだということが見えてきたのです。これまでと同じ姿勢で坐禅生活を続けていくことはできないと感じていましたが、坐禅修行をやめて世間的な生活に戻ることもできなかったのです。このことは前章でも申しあげたのですが、もう一つわかったことがありました。

それは、理性的な考えよりも心のもっと深い部分で、自分には幼い頃から「良い子」でいたいという願望が働いていたのだということです。高校に入学するまではおとなしい良い子でした。良い子であると人々に見せることは楽なことではありませんでした。何かするよりも前に、いつもこの場面で両親や、先生や、友人が私に何を期待しているかを察知し、そのようにふるまうように努めていました。十代に入った頃から、そのような行動の仕方は自分に正直ではなく、だから偽りだと思いはじめました。友人のなかに、他人の思惑を顧慮せず自分のしたいことをただして、悪い子、問題児、あるいは不良といわれている人たちがいましたけれども、彼らは自分の感性に正直に生きているだけであり、むしろ自分の真実に近い生き方をしているのではないかと思え、自分を変えたいと真剣に悩みました。それが「お金製造機」の部品になるコースから外れて、仏道修行者になった理由の一つでもあったのです。出家することによって、両親や先生たちや日本の社会からの期待を完全に裏切って、「良い子」をやめたのだと考えていました。

しかし、出家してからも、「良い子」でありたいという願望から自由ではなかったことにそのとき気がついたのです。良い仏弟子でありたかったし、師匠の良い弟子でありたかったのです。あからさまに表現したことはなかったのですが、他の同行者よりも少しでもましな修行者でありたかったのです。競争社会から逃れてきたつもりでしたが、自分のなかに自分自身や他の人々と競争して勝ちたいという願望は消えてはいなかったのです。

一人で大阪のアパートにいたとき、もはやそのような態度で生きていくことはできないと感じました。両親や社会が期待する「良い子」に戻ることも、「良い仏弟子」として生きていくこともできないと感じていたのです。沢木老師の言われたような意味ではなく、それこそ最悪の意味で「何にもならない」生き方なのではないかというのが実感で、英語でいえば、まさしくデッド・エンドに突きあたったのでした。

そんなある日、坐蒲はないので座布団を二つに折って、部屋で坐っていました。坐禅しなければならないとも思っていなかったのです。一人で住んでいるのだから坐禅する理由も必要もありませんでした。そうしてただ一人で坐っているときに、どういうわけか深い安らぎを感じました。仏陀やあるいは自分の師匠の教えに従って坐禅するのだとも、思っていなかったのです。誰も見ていなかったし、良い子だとも悪い子だとも判定する人はいなかったのです。坐禅するいかなる理由も必要もありませんでした。ただ坐っていたのです。他の人たちと自分を比較したり、もしくは自分の現状と自分のありたい姿との比較をしたりする必要も何もありませんでした。そのとき本当に「何にもならない」坐禅というのはこういうことだという気がしたのです。

「何にもならない」坐禅をするのは、本当に難しいことです。私にはそうなるまでに十年のひたすらな修行の時間が必要でした。だからといって、良い子でありたいという願望から自由になれたとは思いません。ただ、良い子願望が問題の根源であったということがわかってから、その願望にコントロールされることが少なくなりました。むしろ、そんなことをしているとき、「またやっているな」と自分自身をからかうことができるようになりました。

翻訳への取り組み

一九八一年の夏、半年間いた大阪のアパートから出て、京都市玄琢の安泰寺の跡地の近くにあり、鷹峰道雄さんが住職をされていた清泰庵に留守番として住まわせていただくことになりまた。内山老師には、アメリカ人の弟子、大通・トム・ライトさんと協力して道元禅師の著作や内山老師の著書を英語に訳す仕事をするようにと勧められました。また、外国から来る人たちと坐禅をしながら翻訳を進められるような場所を作ることも勧められました。安泰寺が兵庫県に移ってから、外国人参禅者を受け入れる曹洞宗のお寺が京都にはなくなっていたのです。

清泰庵ではトムさんともう一人、近くの養護施設で先生をしておられた横井さんという方と、毎月五日間の接心を続けました。清泰庵に移る頃には、坐禅についての姿勢も決まっていました。二十代のような厳しい修行はできなくても、自分の身体ができるだけ坐ればいいのだ、他の人たちと競争することも、自分がこうありたいと願う自分の姿と競争する必要もない、むしろそんなことをやめるのが坐禅なのだと思うようになっていました。

大阪にいる間は、托鉢をして整体などの治療の費用に当てていました。しかし整体の先生から、托鉢をしていたのでは首の痛みは取れないと言われました。托鉢をするときには頭陀袋を首から下げて歩くからです。それで、托鉢も生活費がギリギリ賄える範囲、月に二、三回しかしないようにしました。その結果、治療も自分でできるお灸や、知人に安くあるいは無料でしてもらえる鍼、その他以外のことはやめてしまったのです。その頃から、良寛さんの生き方を学ぶようになり、良寛さんの漢詩や和歌、伝記、評論などを手当たり次第に読みました。

翻訳をおもな仕事とするようになったのはこの頃からでした。トムさんがすでにほとんど訳し終わっていた内山老師の『人生料理の本』のテキストとしての『典座教訓』を一緒に見直したのが、最初の仕事でした。その次に、すでに絶版になっていた『Approach to Zen』を訳し直し、他の材料も加えて一冊の本とすることにしました。それがのちに、『Opening the Hand of Thought』として出版されたものです。

それとは別に、道元禅師の著作の英語訳も始めました。『正法眼蔵』を翻訳するのは無理だと思えたので、まず、初期の著作の翻訳から始めました。初期の著作とは、中国から帰朝された後、興聖寺叢林の基礎ができあがる頃までに書かれたものです。これらの著作ならば、自分にも理解でき、翻訳することが可能だと思えました。『普勧坐禅儀』はすでに訳してあったので、「弁道話」と内山老師の提唱から始めました。これはのちに『The Wholehearted Way』として出版されました。

清泰庵は、近くにある源光庵の末寺で、源光庵の開山の卍山道白禅師のお弟子の三洲白龍禅師をお祀りしてありました。禅師の坐像のある小さな部屋で私たちは坐禅をさせていただきました。源光庵で法事があるときには役僧をさせていただき、また日曜参禅会のお手伝いもさせていただきました。

その参禅会には、近くに住む伊藤恵美子さんという方が参加されていました。伊藤さんはクリスチャンで、後述の奥村一郎神父さんと長年親しくされていましたが、やがて清泰庵にも坐禅に来られるようになりました。そして、伊藤さんと伊藤さんのお友だちの生田章子さんという方とのご希望で、仏教の勉強会を始めることとなり、私が「大乗起信論」の講義をしました。また、外国人の参禅者をおもな対象にして、清泰庵でも週一度の坐禅会を始め、トムさんと交代で法話をするようにもなりました。安泰寺やバレー禅堂での修行とはちがって、厳しい修行ではなくなりましたが、より多くの人々と仏法を学び、坐禅を行ずるようになっていきました。

一九八三年、優子と結婚しました。彼女のお父さんが菩提寺の参禅会で坐禅をされていたのですが、そのお寺のご住職が総持寺で沢木老師について修行され、内山老師の著書を参禅者に勧められていたということです。優子は十六歳のときに坐禅を始め、駒沢大学に入学しましたが、中退してアメリカに行き、ミネソタ州ミネアポリスで一九七二年に片桐大忍老師が創立された禅センターにしばらくいました。日本に帰ったのち、来日した片桐老師のお弟子さんを案内して京都に来たとき、ミネアポリスから来ていた人が清泰庵で坐禅していたので、その人を訪ねて清泰庵に来たのでした。そのご縁で、片桐老師、奥さんの智枝さん、二、三人のお弟子さんたちに清泰庵に数日間宿泊していただいたこともありました。このことが、後に私たちがミネアポリスに移る伏線になりました。結婚して三週間後、優子はお袈裟の把針を習うために兵庫県の浜坂に移っていた安泰寺に行き、一年間お世話になりました。

東西の会

一九八四年、京都市宗仙寺住職であられた細川祐葆老師のご支援によって、京都曹洞禅センターの活動を始めさせていただきました。最初は宇治田原の禅定寺というお寺をお借りして五日間の接心をし、また近くにある観音堂に優子と二人で住まわせていただいたのです。四畳半と二畳の部屋と台所がついているだけの小さな建物でしたが、立派な観音様が祀られてありました。月舟宗胡禅師が金沢の大乗寺を引退して禅定寺に移られたとき、のちに面山瑞方禅師の師匠になられる損翁宗益禅師が近くのお堂におられたという話なので、それがこの観音堂かもしれないということでした。江戸時代のはじめに黄檗隠元禅師が宇治に萬福寺を開かれてから、中国直伝の禅を学ぶべく、京都や宇治には当時の禅僧たちが集まるようになっていました。月舟宗胡禅師をはじめとする多くの曹洞宗の人たちもこの地域に移ってこられたのですが、その後、黄檗禅と道元禅との違いに気づき、道元禅師に還るべく、復古運動を始められたのでした。同じく大乗寺を引退して鷹ヶ峰の源光庵に住まわれていた卍山道白禅師も、師匠である月舟禅師に会うために禅定寺を頻繁に訪ねられていたということでした。清泰庵に卍山禅師のお弟子が祀られていたということとあわせて、その頃は、月舟禅師から始まる江戸時代の宗統復古運動に身を呈された方々のご庇護をいただいているように感じていました。また月に二度、宗仙寺で外国人をおもな対象として坐禅会をさせていただき、トムさんと交代で英語の法話をしました。

二年間、宇治田原の観音堂にいて、禅定寺で接心をさせていただいた後、一九八六年に京都府園部町にある宗仙寺の末寺、昌林寺の留守番として住まわせていただき、京都曹洞禅センターの活動もそこですることになりました。毎月の五日間接心のほか、外国から来て昌林寺に滞在し参禅していた人たちと翻訳を続けました。一九九一年の細川老師の御遷化によって中断されるまでに『Shikantaza:An Introduction to Zazen』『Dogen Zen』（現在は改題して『Essence of Zen』）『The Zen Teaching of Homeless Kodo』『Zuimonki』『Bendowa』の五冊の英訳書を、京都曹洞禅センターから出版することができました。またこの間に、葉子と正樹、二人の子供に恵まれました。

清泰庵で始まった伊藤恵美子さんたちとの勉強会は、カソリックの女性信者の方々を加えながら「東西の会」の活動として、引き続きおこなわれていました。毎月一度私が『正法眼蔵』の講義をし、また奥村一郎神父さんが聖書の深読会をなさいました。私は深読会にも参加させていただきましたが、この頃の貴重な体験となっています。奥村神父さんは学生時代に中川宋淵老師について参禅されたのち、カソリック司祭になられ、聖母女子短期大学の学長、カルメル会日本総長代理、教皇庁諸宗教対話評議会顧問などを歴任された方です。司祭になられたあとで駒沢大学で聴講されて仏教の勉強もされました。仏教とキリスト教の対話集会などを通じて内山老師とも旧知のお方でした。比叡山の宿坊や京都の真如堂の宿泊施設に泊りこんでの勉強会もなつかしい思い出です。また昌林寺に宿泊していただいて、朝の坐禅をともにし、仏教の朝課に参加していただき、その後でミサに参加させていただいたこともありました。

東西の会では、まず「現成公案」の講義から始めました。その次に「摩訶般若波羅蜜」の巻を読むことにしましたが、講義を聞いてくれる方々が、おもにクリスチャンで仏教の知識はほとんどもたれていないので、準備としてまず「般若心経」の話をしました。講義のテープ起こしをし、加筆訂正したものが前章の「般若心経を語る」です。手製で製本され本としてできあがったのは私がミネアポリスに移ったあとでしたが、ちょうど神戸の震災があったときで、この本を買っていただいた代金は神戸のカトリック教会を通じて震災復興のために寄付をしていただきました。私の坐禅修行は安泰寺のとき、大阪のアパートや清泰庵に居住していたときも、京都、大阪、神戸での托鉢で支えられていましたので、ささやかではありますが、復興のための浄財を寄せることができたのは幸いでした。

再びアメリカへ

細川老師が遷化されて、昌林寺を出るべきだと考えました。そして再びアメリカに行くことにしました。その頃、アイオワ大学の心理学の教授でアイオワシティの禅センターで坐禅と茶道をしていた人が昌林寺に来られたことがあって、アイオワ大学の修士課程にトランスレーション・ワークショップがあるので、そこで翻訳の勉強をするかたわら禅センターで教えてくれないかという要請があったからです。自分でも本格的に英語翻訳を勉強したいと思っていましたので応じることにし、英語の検定試験も受けて、何とか合格点が取れました。しかし、大学からの入学許可は出たものの家族の生活費の目処が立たず、アイオワに行く可能性はなくなりました。その直後に、アイオワ州の北のミネソタ州の禅センターから来てくれないかと依頼があったのです。

渡米の準備をする一年間、私たち家族は伊藤さんや奥村神父さんのお世話で、京都のノートルダム修道院に付属する小さな家に置いていただきました。そして一九九三年七月に、私たち家族はミネアポリスに移住しました。

ミネソタ禅センターは、創立者である片桐老師が一九九〇年、ガンのために遷化され、以後三年間指導者が不在だったので、臨時の主任教師として赴任するように求められたのでした。一九九六年までの三年間は主任教師として、あと一年間はパートタイムの教師として教えました。

片桐老師は永平寺で橋本恵光老師のもとで修行されました。橋本老師と沢木老師は丘宗潭老師のもとで修行された仲で親しかったのですが、お二人の家風はかなり違っていました。橋本老師は伝統的な僧堂で道元禅師が示された修行を型通りきちんとすることを強調されていました。ですから、ミネソタ禅センターでの修行の仕方は、私が内山老師のもとで学んだものとはまったく違っていました。しかし私は、ここでは片桐老師が指導されたやり方を継続すると決めました。臨時の教師であったし、私が去ったのち、次の指導者がまた片桐老師のやり方に戻すのでは混乱を招くことになると考えたからです。

もっとも、それはかなり努力を要することでありました。それまでの二十年間、瑞応寺に安居していた時期を除いて、内山老師の始められた坐禅だけに専注する接心だけを続けてきたからでした。片桐老師の接心では、坐禅の他に、朝課など日に三度のお経があり、提唱があり、独参があり、作務があり、応量器を使った行鉢がありました。ことに接心中に提唱をするということが、私には難しかったのです。それまで、接心中は日常生活のすべてのことをやめてただ坐ることに集中できましたが、提唱をしなければならないとどうしても何を話すか考えなければならなかったのです。しかも接心前に提唱の準備をする時間的余裕はなかったので、接心中他の人々が作務をしている間に話の準備をしなければならなかったのでした。また、何人もの人々と独参をしなければならないので、坐禅の時間に坐ることがあまりできなかったのです。しかしそれでも、この三年間の経験で知見を広げることができ、アメリカで坐禅の指導を続けて行くのに大切なことの数々を学ぶことができました。

三心寺設立

ミネソタ禅センターでの任期が終わった一九九六年、自分のやり方で修行ができる坐禅の道場をつくるために三心禅コミュニティを立ち上げ、その場所の選定を始めました。

しかしその直後に曹洞宗宗務庁から、次の年に創立される予定の北アメリカ開教センターに所長として赴任するように求められました。そして、一九九七年、ロサンゼルスに移転しました。家族をミネアポリスに残しての単身赴任でした。

二年後の一九九九年に、開教センターは、道元禅師の生誕八〇〇年、および二〇〇二年におこなわれる七五〇年大遠忌の記念行事の準備をするためにサンフランシスコに移転し、その後、曹洞宗国際センターと名称が変わりました。

一九六〇年代から七〇年代にかけて、さまざまな指導者によってアメリカ各地に禅センターが開かれましたが、相互の交流はあまりありませんでした。また、六〇年代以前に海外開教のおもな対象であった日系寺院と各禅センターとの関係も希薄でした。日系寺院は、日系アメリカ人をおもなメンバーとし、日本の寺院と同じく檀家の人たちのためのお葬式や法事をすることと、日本語や日本文化の継承のための活動をおこなうコミュニティセンターでした。坐禅を中心とする禅センターの活動とは性格が違ったのです。開教センターの使命は、各禅センター間、および禅センターと日系寺院の間の交流を図り、また日本曹洞宗との関係を密にすることでした。そのため私は各地の禅センターを訪ね、多くのアメリカ人指導者や参禅者と親しく修行をともにし、宗乗の参究に努めました。このことを通じて、アメリカにおける禅についての広い見聞を得、理解を深めることができたのです。

所長としての五年間の勤務で道場設立の計画は大幅に遅れましたが、多くの人々の協力があって、二〇〇三年にインディアナ州ブルーミントンの町に三心寺が創立されました。私と家族は同年六月にブルーミントンに移りました。国際センターは、二〇一〇年まで非常勤の所長として勤務を続けました。

ブルーミントンの町を選んだ理由の一つは、インディアナ州に曹洞禅のセンターが一つも存在しなかったことでした。カリフォルニアにいたとき、西海岸にはすでに多くの禅センターが存在し指導者も多数いたので、新しいセンターをつくる意味はそれほどないと思ったのでした。内山老師はいつも「パイオニアであるように」と言われていました。インディアナ州を含めた中西部は、曹洞禅にとってはフロンティアでした。

ですから当初私は、サンガをつくるのにはほとんどゼロから出発しなければならないだろうと考えていました。しかし驚いたことに、三心寺で活動を始めると、二、三名のすでに僧侶となっている人たちを含めて数人の人たちが私と修行をするためにブルーミントンに移住してきたのでした。曹洞禅はこの地域ではまったく新しいものでしたし、ブルーミントンは小さな大学町ですので、地元の人々からの支援を受けることもできず、生きて行くだけでもかなりの苦労をしなければならなかったはずです。そのような環境で修行を続けてくれた人々に感謝せずにはいられません。これまでにおよそ二十人が私の弟子になりました。そのうちの何人かはすでに嗣法を済ませ、アメリカ各地やヨーロッパに自分たちのサンガをもっています。

三心寺は今でも小さなお寺ですが、少数の熱心な参禅者が修行を続けています。年に五回、かつての安泰寺と同じ差定での接心を勤めています（一月、三月、九月は三日間、六月は五日間、十二月の臘八接心は七日間）。数年前から膝の痛みのために足を組んで坐ることができませんが、椅子での坐禅で接心を続けています。まだ曲がりなりにも接心を続けられることに感謝せずにはおられません。

三心寺では五月と十一月の二回、他の禅センターで一回、年に三回の眼蔵会をしています。アメリカの西海岸、東海岸を含む各地のみならず、ヨーロッパからの参加者もあります。『正法眼蔵』を熱心に参究してくれる人々に勇気づけられています。また年に一度、七月に禅戒会をおこない、道元禅師の菩薩戒についての教えを「教授戒文」をテキストとして学び、授戒会をおこなっています。これまでの十五年に七十名ほどの人たちが受戒し在家の仏弟子となりました。

家内の優子はお袈裟や絡子の把針の指導をしています。また接心やリトリートの間、他の人々とともに料理をしてくれています。子供たちには仏教徒になることや坐禅をすることを強制したことはありません。娘の葉子は映像作家となり、息子の正樹は日本の学校で料理の勉強をしました。それぞれのやり方で、私たちを助けてくれています。私たち家族は本当に仏様に守られてきたのだと感謝せざるをえません。

清泰庵にいた頃に始めた翻訳は今も続けており、現在は眼蔵会で講本として使う巻の翻訳がおもな仕事です。また、眼蔵会での講義を文字に起こしてもらったものに加筆訂正し、『正法眼蔵』の解説書をつくることも現在の大切な仕事です。英語の専門家ではないので、自分だけで翻訳や著書をつくることはできません。どの本も、仏法の参学に志のあるアメリカ人参禅者との共同作業です。現在までに翻訳者、共訳者、著者、共著者、共編集者として参画し、出版してきた英語の本は十五冊以上になりました。

先に書きましたように、内山老師は二つの誓願を持っておられました。坐禅に徹した修行者を育てること、現代人のための坐禅のテキストをつくることでした。内山老師が日本でなされたことを欧米で継続することが、私の誓願になりました。欧米の人たちと坐禅修行を続けることと、道元禅師や内山老師が書かれた坐禅のテキストを人々と共有するために翻訳するということです。

前章「般若心経の話」でも述べましたように、釈尊は成道された直後、人々に教えることを躊躇されました。悟られた真実はあまりに深くて微妙なものなので、いくら話しても誰にもわかってもらえないだろうと思われたからでした。梵天の勧請によって、法を説くと決心された後、しばらくは一人で森の中に坐り続けておられました。おそらく、悟りの体験と悟られた真理をどのように表現すれば理解してもらえるか、いわば、体験を言語に翻訳されていたのだと思います。

鹿野園で五人の比丘を教化された後、四十年にわたって、八正道の実践についての教えを人々に説き続けられました。釈尊は修行者であったばかりでなく、偉大な言語表現者でもあられたので多くの人々が出家、在家の弟子となり、その説法は記憶として伝承され、やがて文字化されて経典となりました。仏教の歴史のなかで、釈尊の教説はさまざまに解釈され、祖述され、膨大な文献が大蔵経として残っています。

沢木老師は、お経はわれわれがする坐禅の注釈であると言われました。坐禅修行者としては、実際に坐禅を行ずることが大切なのはいうまでもありませんが、その坐禅は、釈尊の教えられた仏法に反するものであってはなりません。教えを学び、その教えを実際に行じ、実物として表現し、伝えていかなければなりません。曹洞禅の伝統のなかでは、道元禅師が書かれたものを学び、それを鏡として自分の修行を検証していくことが続けられてきました。よく知られているように道元禅師の著作は難解ですので、ただ翻訳するだけではなくその意味を自分の修行の体験に照らして説明することが不可欠です。修行者である私にとっては、翻訳の仕事と翻訳したものを英語で説明することは、ただ道元禅師や内山老師の書かれたものを欧米の言葉で提供するというだけではなく、自分が修行しているものを自分自身でどう理解し、表現するかという営みでもあります。その点においては、学者や語学の専門家がする翻訳とはやや性格が違うかもしれません。

人生は一炷の坐禅

只管打坐のごく狭い道をトボトボと歩んできました。十七歳で内山老師のご著書を読んだときからは、すでに五十年以上が経っています。今回の人生では、坐禅と老師の教えを学び、それを実践し、その教えをアメリカやヨーロッパの人々と分かちあうことだけをしてきました。それ以外のことは何もしてこなかったような気がします。しかし、自分の人生や生きる世界をずっと坐禅から見ることができました。

坐禅の行のなかでは、思いを手放しにしています。手放しということは、追わず、払わず、相手にしないということです。これは思いの徹底的な否定であると同時に、完全な受容でもあります。そして肯定的な思いにも、否定的な思いにも、騙されず、引きずられないことです。坐禅中はいかなる取捨もしない。ただ端坐という姿勢に任せている。このような修行を続けることによって、自分に親しい、ごまかすこともせず、ごまかされることもない生き方ができるように努力をしてきたつもりです。思春期から老年期まで、刻々変わる身体的、心理的な条件のなかで、またそのときどきに変わる外的な条件のなかで同じ姿勢で生きてこられたことは何よりもありがたいことでした。坐禅のなかでは嘘はつけないのです。坐禅は人生の碇のようなものでした。坐禅修行を続けていなければ、そのときどきの内的、外的な条件や、自分の思考や、願望や、野心や希望などに引きずられてどこに流されていたか想像もできません。坐禅によって、誓願と懺悔に導かれた道をあまりフラフラすることなく歩んでこられたと感じております。

只管打坐の道は本当に細い道で、自分一人が歩む道ではありますけれども、この五十年間、師匠や兄弟弟子の方々、友人、家族、翻訳を一緒にしてくれた人々、坐禅を一緒に坐ってくれた人々、その他数えきれないほど多くの人々からさまざまなお助けをいただいて、ここまで続けてこられました。日本にも、アメリカにも、ヨーロッパにも、またその他の地域の国々にも多くの友人や同行者をもつことができました。その面からいうと、無限に開かれた広々とした道でもありました。

この只管打坐の道を伝えていただいた釈尊から道元禅師、そして私の師匠に至る先人方のご恩を思わずにはいられません。この只管打坐の細い道を歩いてきて明らかになってきたことは、私の小さな生命は、時間空間のなかですべての人々、事物とのつながりのなかでのみ存在することが可能だということです。このつながりだけがあって、「私」などという小さなものはないのだというべきでしょうか。十七歳のときには、人生はその真実を探求すべき一つの公案でしたが、七十歳を目前にした現在では、内山老師が言われたように、人生は一炷の坐禅だという感じがしています。

すすめの言葉——東と西

「知る者は言わず。言う者は知らず。（知者不言　言者不知）」

沈黙を聞く東洋思想の特色をあらわす老荘の名言として、今では、広く欧米にも知られている言葉（「老子」下、第五十六章。「荘子」天道篇第十）。それに対し、キリスト教の聖書には、「初めに言《ことば》（ロゴス）があった。」（ヨハネ福音書第一章第一節）という、見事なまでに対照的な言葉があります。「老子」の第一章には、また、「無名《むみょう》は天地の始めにして、有名《うみょう》は万物の母なり」と記されています。このように、西欧キリスト教とは、およそ紙のウラ、オモテほどに違う中国の東洋思想によって、仏教、とくに、禅の霊性が深められたと言われています。しかも、その中国禅の根底には、言うまでもなく、大乗仏教の奥深い「空観」「無の発想」がみられます。その深遠な仏教の世界観、さらには、宇宙観に基づく救済論を、わずか二百六十二文字に凝縮した、「般若心経」は、真珠のような仏教古典です。

もう何年になるでしょうか。本書の著者が渡米されるまで、折々、京都に数人が集って、小生の「聖書深読会」とあわせて、「坐禅と講話」がもたれ、そのときの話が、今、皆様のご尽力により、一冊の本にまとめられたことは、ほんとうに有難いことです。小さい集いながら、日本ならでは、否、京都ならではの「東と西」の宗教の出会いから生みだされた本書は、まことに、「一顆明珠」とでも言えるのでしょうか。

今まで存じなかった著者の自分史の一端を拝読できたことも、私にとって貴重な光りでした。真理の探求に体当りし、悲運のどん底に立たされたときの逆境は、若きときの筆者にとって、「般若」の「空」、または、禅的無の、かけがえのない実体験の恵みではなかったのでしょうか。大死一番、起死回生は、キリストの「死と復活」にも通ずる禅語といってよいのでしょう。

本書に出会われる方々が、それぞれの道において、人生の真実を示す光りをそこに見出だされますことを願ってやみません。海外にも広く行きわたり、東西の宗教交流にも豊かな実りをもたらすものとなりますように、英訳本の出版を鶴首しています。

著者のご健康と、今後のご活躍を祈りつつ。

一九九五年八月三十日

奥村一郎（カトリック司祭）

本書収録の「般若心経の話」を私家版として刊行した際に寄稿いただきました。

奥村正博　著作リスト

Shikantaza: An Introduction to Zazen, translation by Shohaku Okumura, Kyoto Soto Zen Center, 1985
のちに曹洞宗国際センターにおいて改訂し、*Soto Zen: An Introduction to Zazen* と改題、宗務庁から教化資料として刊行されている。

Shobogenzo-Zuimonki: Sayings of Eihei Dogen Zenji recorded by Koun Ejo, translated by Shohaku Okumura, Kyoto Soto Zen Center, 1988
『正法眼蔵随聞記』の英語訳。現在は曹洞宗宗務庁から教化資料として刊行されている。

Dogen Zen: Practice without Gaining-mind, translation by Shohaku Okumura, Kyoto Soto Zen Center, 1988
のちに改訂し、*Heart of Zen: Practice without Gaining-mind* と改題、宗務庁より教化資料として刊行されている。

Dogen's Pure Standards for the Zen Community : a Translation of Eihei Shingi, translated by Taigen Daniel Leighton & Shohaku Okumura, State University of New York Press, 1996
「永平清規」の英語訳。

The Wholehearted Way: A Translation of Eihei Dogen's Bendowa with Commentary by Kosho Uchiyama Roshi, translated by Shohaku Okumura and Taigen Daniel Leighton, Tuttle Publishing, 1997
内山興正著『正法眼蔵弁道話を味わう』の英語訳。*Bendowa: Talk on Wholehearted Practice of the Way* として京都禅センターから 1993 年に刊行されたものを復刊。

Sitting Under The Bodhi Tree: Lectures on Dogen Zenji's Bendowa, edited by Shohaku Okumura, Soto Zen Buddhism International Center, 2001, a collection of lectures by 7 American Soto Zen teachers including Okumura
タサハラ禅マウンテン・センターで行われた接心において奥村を含む7人が行なった講義をもとに国際センターにおいて作成した講義録。

Nothing is Hidden: essays on Zen Master Dogen's Instruction for the Cook, edited by Jisho Warner, Shohaku Okumura, John McRae, and Taigen Dan Leighton, Weatherhill, 2001
永平寺より刊行された『傘松　臨時増刊号　特集典座教訓の参究』の英語訳。

A primer for selecting Dharma Names, compiled by Gengo Akiba, Shohaku Okumura, Kazuaki Tanahashi, Mel Weitsman, Michael Wenger, San Francisco Zen Center, Soto Zen Buddhist Association, Soto Zen Buddhism International Center, 2001
アメリカ人指導者のための法名を作成するマニュアル。

Dogen Zen and Its Relevance for Our Time : An International Symposium Held in Celebration of the 800th Anniversary of the Birth of Dogen Zenji, edited by Shohaku Okumura, Soto Zen Buddhism International Center, 2003, a collection of presentations by 10 Soto Zen teachers and scholars including Shohaku Okumura
1999年に道元禅師生誕800年を記念してスタンフォード大学において行われた「道元禅師シンポジウム」での奥村を含む発表の記録。

Dogen's Extensive Record : a Translation of the Eihei Koroku (translated by Taigen Dan Leighton and Shohaku Okumura, Wisdom , 2004)
「永平広録」の全訳。

Opening the Hand of Thought: Foundations of Zen Buddhist Practice, Kosho Uchiyama, translated and edited by Tom Wright, Jisho Warner, and Shohaku Okumura, Wisdom, 2004
内山興正老師の『生命の実物』『現代文明と坐禅』を中心とした著書の英語訳。フランス語、スペイン語、ポーランド語に翻訳されている。

Realizing Genjokoan: The Key to Dogen's Shobogenzo, Shohaku Okumura, Wisdom, 2010
「正法眼蔵現成公案」の解説書。フランス語、ドイツ語、イタリア語に翻訳されている。

Dogen's Genjokoan: Three Commentaries, translations and commentaries by Bokusan Nishiari, Shohaku Okumura, Shunryu Suzuki, Kosho Uchiyama, Sojun Mel Weitsman, Kazuaki Tanahashi, and Dairyu Michael Wender, Counterpoint, 2011
「現成公案」の西有穆山、鈴木俊隆、内山興正による提唱の英語訳。奥村は内山老師の提唱「現成公案を味わう」の英語訳を担当。

Living By Vow: a Practical Introduction to Eight Essential Zen Chants and Texts, Wisdom, 2012
曹洞宗日課聖典から「四弘誓願文」「般若心経」「参同契」などを解説したもの。イタリア語に翻訳されている。

LIFE-AND-DEATH: Selected Dharma Poems by Kosho Uchiyama Roshi, translated by Daitsu Tom Wright and Shohaku Okumura, Sanshin Zen Community, 2013
三心寺創立10周年を記念して刊行された内山老師『生死法句詩抄』の英語訳。2018年、高橋慈正の写真を収録して新版が刊行された。

The Zen Teaching of Homeless Kodo, Wisdom, 2014
内山興正老師著『宿無し興道法句参』の英語訳に奥村の解説を加えたもの。イタリア語に翻訳されている。京都曹洞禅センターから 1990 年に刊行されたものの新訳。

Zen of Four Seasons: Dogen Zenji's Waka, translation and comments by Shohaku Okumura, Dogen Institute, 2014
「道元禅師和歌集」から四季についての和歌 14 首を選んで、英語訳したものに奥村の解説をつけたもの。Dogen Institute は三心禅コミュニティの一部。

Handbook of Zen, Mindfulness, and Behavioral Health, Akihiko Masuda, William T. O'Donohue Editors, Springer, 2017
本書の「只管打坐の道」のもとになったエッセイ The Path of Just sitting を寄稿。

Deepest Practice, Deepest Wisdom: Three Fascicles from Shobogenzo with Commentary, translation by Daitsu Tom Wright and Shohaku Okumura, Wisdom, 2018
「正法眼蔵有時・諸悪莫作・般若波羅蜜」についての内山老師の提唱を英語に訳したもの。奥村は「摩訶般若波羅蜜」の提唱を担当。

The Mountains and Waters Sutra: A Practitioner's Guide to Dogen's "Sansuikyo", Shohaku Okumura, Wisdom, 2018
「正法眼蔵山水経」の解説書。

Boundless Vows, Endless Practice: Bodhisattva Vows in the 21st Century, private edition, 2018
三心寺創立 15 周年記念出版。奥村が序文として初期曹洞宗の祖師方と内山老師の誓願について書き、奥村の弟子 10 人が同じテーマで書いた文集。

謝辞

　三十年近くも前に行った拙い「般若心経」の講義のテープ起こしをもとにした旧著がもう一度日の目をみることがあるとは予想もしておりませんでした。その時の講義を聞いていただき、テープ起こしから製本までしていただいた伊藤恵美子さん、藤田みつ子さんをはじめ東西の会の皆様、「すすめの言葉」をお書きいただいた故奥村一郎神父様にもう一度衷心より御礼を申し上げたいと存じます。

　また今回、「只管打坐の道」を付け加えて、港の人から刊行していただくにあたり、智慧を貸していただいた大学以来の友人の鈴木龍太郎さん、序文を書いていただいた法友藤田一照さん、編集していただいた井上有紀さん、そしてそれらの人々の輪をつなげていただいた高橋慈正さん、また「只管打坐の道」の原稿に目を通して貴重な提言をいただいた小山一山さんに感謝を申し上げたいと存じます。

二〇一八年五月

奥村正博

奥村正博（おくむら しょうはく）

曹洞宗僧侶。アメリカ合衆国インディアナ州三心寺住職。曹洞宗北アメリカ開教センター（現、曹洞宗国際センター）初代所長。

一九四八年大阪生まれ。駒沢大学仏教学部卒業。一九七〇年、紫竹林安泰寺で内山興正老師より出家得度を受ける。一九七五年に渡米。一九八一年までアメリカ合衆国マサチューセッツ州パイオニア・バレー禅堂創立にかかわる。その後、日本に帰国し、京都曹洞禅センターにて坐禅の指導、道元禅師や内山興正老師の著書の翻訳を始める。一九九三年に再度渡米し、ミネソタ禅センター主任教師を務めた後、一九九六年三心禅コミュニティを創設、二〇〇三年ブルーミントンに三心寺を開山する。三心寺では、三日、五日、あるいは七日間坐禅に専念し、一日に一四炷の坐禅と経行だけの接心を年に五回、正法眼蔵の一巻を参究する英語での眼蔵会を年に三回行っている。

三心寺ホームページ　http://www.sanshinji.org/

今《いま》を生《い》きるための般若心経《はんにゃしんぎょう》の話《はなし》

二〇一八年六月二十二日初版第一刷発行
二〇二〇年二月十日初版第二刷発行

著者　奥村正博

発行者　上野勇治
発行　港の人
神奈川県鎌倉市由比ガ浜三 - 一一 - 四九 〒二四八 - 〇〇一四
電話〇四六七 - 六〇 - 一三七四
ファックス〇四六七 - 六〇 - 一三七五
http://www.minatonohito.jp

印刷製本　シナノ印刷
ISBN978-4-89629-349-4 C0015